定年後不安

人生100年時代の生き方

大杉 潤

角川新書

はじめに　～人生１００年時代で深刻化する「定年後の３大不安」～

定年後の３大不安は「カネ」「孤独」「健康」

あなたは「人生１００年時代」と言われて、定年後が35年から40年もあるとしたら、どんな不安を持つでしょうか？

そんなに長い期間を、果たして年金収入だけで暮らしていけるだろうか、という「カネ」、すなわち、老後資金の心配はないですか？

自分が年齢を重ねていく中で、行動範囲や人間関係が縮小し、いざという時に頼れる家族や仲間が近くにいなくなるのではないか、という「孤独」の不安はありませんか？

また、平均寿命が延びる中で、果たして自分はいつまで自立した生活ができるだろうか、という「健康」に対する危機感はないでしょうか？

今や「人生１００年時代」という言葉が、メディアにも頻繁に登場するようになり、私たちの多くが、「人生１００年」と意識するようになっています。

まず、２０１６年に刊行された、ロンドン・ビジネススクールのリンダ・グラットン教授ほかによる『LIFE SHIFT』（東洋経済新報社）がベストセラーとなり、世界的に大きな反響を呼んで、日本でも一種のブームになりました。

続いて、２０１７年９月、首相官邸に安倍《あべ》首相を議長とする「人生１００年時代構想会議」が設置されました。人生１００年時代を見据えた経済・社会システムを実現するための政策のグランドデザインに係る検討を行うための機関です。

また、２０１７年のユーキャン新語・流行語大賞にも「人生１００年時代」がノミネートされ、多くの人が「人生１００年時代」の到来を身近に感じるようになっています。

そして、この「人生１００年時代」を前にして、長い定年後をどう過ごしたらよいかと悩む人たちが増えてきました。多くの高齢者が感じる定年後の不安は、「カネ」「孤独」「健康」の３つのKに集約されます。本書では、これを「定年後の３大不安」（３K）と呼ぶことにします。

日本でもベストセラーになった『LIFE SHIFT』の日本語版への序文にある「国連の推

計によれば、２０５０年までに、日本の１００歳以上人口は１００万人を突破する見込みだ。」という記述は、衝撃的な推計として波紋を投げかけました。

同書ではさらに、次のように続けています。

「２００７年に日本で生まれた子どもの半分は、１０７年以上生きることが予想される。いまこの文章を読んでいる50歳未満の日本人は、１００年以上生きる時代、すなわち１００年ライフを過ごすつもりでいたほうがいい。」

50歳を超える私でも、思わず１００歳まで生きるのが当然、という気持ちになってきます。同じように感じた50代以上の読者も多かったのではないでしょうか。

今や官民挙げて誰もが、「人生１００年時代」に、これまでとは異なる新たな「生き方」「働き方」を真剣に考え始めたのです。

定年後の人生が35年～40年もの長期になると、まず不安になるのが「カネ」、すなわち老後の生活資金でしょう。年金財政が厳しくなる中で、満足できる金額の年金をもらえる高齢者は少なく、年金以外の収入を考えざるを得なくなります。65歳を超えても働く人は年々増え続けていますが、今後はそれがさらに加速するでしょう。

次に「孤独」について。定年後には、会社における人間関係とは別の、新しい仲間や社会とのつながりを作っていくことが重要になります。地域や同じ趣味における仲間だけではなく、新しい仕事や活動での人間関係が構築できれば、「孤独」とは無縁の生活が送れるでしょう。

そして、「健康」の面では、年齢を重ねる中で、誰でも心身ともに今日できたことが明日はできなくなるという「老い」と向き合わねばなりません。

これを社会学者の上野《うえの》千鶴子《ちづこ》・元東京大学大学院教授は、「人生の下り坂」と呼んでいます。さらに、著書『男おひとりさま道』（法研）の中で、「下り坂のノウハウは、学校でも教えてくれなかった。そして上りよりは、下りのほうがノウハウもスキルもいる。」と問題提起をしています。

本書では、この長い「人生の下り坂」をいかに進んでいけばよいのか、そのノウハウやスキルを具体的、実践的に伝えていきます。

「人生１００年時代」の定年後不安、とくに「カネ」「孤独」「健康」という3大不安（3K）をいかに解決していけばよいか、その具体的・実践的な方法を、これから考えていきましょう。

定年後40年は「余生」では済まない

定年後が長いことを予測して、早めにサラリーマンを卒業し、できれば自分で事業を立ち上げたいという40代・50代の会社員が増えています。

とくに50代に入って、「役職定年」を迎えた中高年社員は、部下がいなくなり、年収が予想を超えて大幅にダウンする現実に直面し、これまでひたむきに守ってきた会社への忠誠心を捨て始めています。

倒産やリストラのない公務員でも、不本意な人事異動や将来に対する危機感から、定年前に退職して起業する準備を考える人が出てきています。

これまでの常識だった「大企業や大組織に定年まで勤め上げて退職後は退職金と年金でのんびり余生を過ごす」という、人生の成功方程式が、次の２つの理由から成り立たなくなってきたことがその背景にあります。

１つは、ＪＡＬやシャープ、東芝のような超一流の大企業でさえも、定年まで安泰だとは言えなくなったこと。それほど企業を取り巻く経営環境が厳しく、世の中の変化と生き残り競争が激しくなってきました。

２つめに、日本人の平均寿命が予測を超えて今も延び続けているため、定年後の期間が

35年から40年と長期に及ぶ「人生１００年時代」に突入したこと。

かつて、３０００人を超える定年退職者を取材し、ノンフィクション作家として多くの定年退職に関する著書を残した加藤仁《かとうひとし》氏は、『定年後の８万時間に挑む』（文春新書）の中で、「定年を迎えると〝八万時間〟という財産が転がりこんでくる。」と述べました。

それは、20歳から60歳までの40年間を年間労働時間２０００時間として計算した「現役の総労働時間」に匹敵するということです。

これだけでも驚きですが、当時（２００８年時点）は人生80年を常識としていて、定年後を20年と計算していました。

ところが現在、「人生１００年時代」を視野に入れて計算すると、定年後は倍の40年、定年後の自由時間は、１日11時間×３６５日×40年間で16万時間にもなります。

これはとても「余生」という感覚で過ごせる長さではありません。そして年金財政を持ち出すまでもなく、「年金以外のフロー収入がまったくないままで乗り切れる期間ではない」と誰もが感じ始めているのです。

申し遅れましたが、私　大杉潤《おおすぎじゅん》は、間もなく60歳を迎える「定年世代」です。大学卒業後に、大手金融機関の日本興業銀行（現みずほ銀行）に入行し、22年間、銀行員として勤務しました。45歳を迎える直前に最初の転職をし、その後さらに2回の転職を経て、２０１５年に57歳でサラリーマンを卒業して、現在はフリーで研修講師やコンサルティングの仕事をしています。

最近はとくに、40代・50代の会社員や個人に対する「定年後を見据えたキャリアおよび人生設計」の研修、コンサルティングの仕事が多くなってきました。

私が定年前に起業して、フリーで仕事をすることにした理由は、人生１００年時代を前にして、多くの40代・50代の皆さんが、今、不安を感じているのと同じように、定年後の長い人生に大きな危機感を抱いたからです。

会社員のまま過ごしていれば安定は得られますが、「定年再雇用」を選択したとしても65歳までしか会社で働くことはできません。その先の人生の方が長く、65歳以降も仕事を継続して収入を維持していきたいと考えたのです。

そのためには、「雇われる働き方」ではなく、自ら事業を起こす必要があると考え、そのために転職も数回行って、様々な業種での経験を積んできました。

先程申し上げた「定年後の３大不安」である「カネ」「孤独」「健康」をいっぺんに解決

する最善の方法は、「85歳まで現役で働くこと」というのが、私の出した結論です。85歳まで現役で働けば、たとえ１００歳まで生きるとしても余生は15年、人生80年時代に65歳まで働くのと同じ期間になります。

65歳を超えても働き続けることによって、年金に加えた収入が確保できるため、長い老後であっても「カネ」の不安が減ってきます。

また、仕事を続ければ、社会との繋《つな》がりや仕事に関わる人間関係が維持できて、「孤独」の不安も感じないでしょう。

さらに、働くことによって、毎日規則正しい生活を送ることができ、気持ちの上でも収入を得るプロとして緊張感を持って過ごすことで、心身の健康にもプラスになると思うのです。

私の場合「85歳まで現役」ということではなく、さらにその先の年齢も含めて「生涯現役」というライフスタイルを目指しています。

そのために、働く期間を３つのステージに分けて考えることで、無理なく「長く働き続ける」という生き方を、この本では皆さんにお伝えしていきます。

ビジネス書１０００冊から学んだ「人生１００年時代」の生涯現役戦略

私は普通の銀行員で、親もサラリーマンでしたし、商売のセンスや経営の経験があったわけではありません。今の若いＩＴベンチャー経営者のように、才能、意欲や度胸もありませんでした。ですから、若いときにはとても独立して起業する勇気は無かったのです。

次の仕事が決まってから退職を申し出て転職するというやり方で、何とか収入の切れ目がないように、慎重にキャリアを積んできました。

それでもなぜ、「定年のない働き方」へシフトできたかと言えば、社会人１年目からビジネス書を年間３００冊読む多読生活を36年間続け、累計１０００冊を超える本を読破する過程で、少しだけ世の中の潮流を先読みして動くことができたからです。

いずれ「人生１００年時代」が到来して、定年後の人生を再設計しなければならなくなる、生涯現役のライフスタイルを目指す必要がある、ということを40代半ばの時に予測して行動しました。

本書では、人口統計や平均寿命の数字を詳しく扱ったり、他の定年関連書籍には度々登場する、危機感を煽《あお》ったりする記述はあまり出てきません。「私たちは、いったい何をすればいいのか」が分からない情報が多いので、具体策を中心にお伝えしていきます。

この本では、人生１００年時代に「定年後の３大不安」を解決するにはどうすればいいかについて、具体的な行動や考え方を記しています。そして多くの悩める中高年の人たちが参考にできる事例や役に立つ書籍を紹介し、どう活用すればよいかについて、書いています。できるだけ実践的な解決法を提示する内容としました。


本書の構成としては、第1章で「人生１００年時代」を展望したキャリアプランとして、働く期間を３つのステージに分ける「トリプル・キャリア」について説明します。言わば「３毛作の人生」をめざす人生設計の提案です。

徐々に働き方をシフトして、無理なく「長く働く」ことによって、定年後の「カネ」に関する不安をなくしていくための戦略です。

次に第2章では、「トリプル・キャリア」を実践していくために、40代・50代の時間の使い方がポイントになることを説明します。「時間術」に関する本は数多く出ていますが、本書では定年後の人生を展望して、人生を俯瞰《ふかん》した「人生設計図」を作ること、そのノウハウを詳しく述べていきます。

出世競争に敗れたり、役職定年で大きく年収がダウンしたりしても、落胆する必要はありません。人生はマラソンレースであり、定年後の働き方によって逆転することは十分に可能です。人生は後半が勝負、とくに65歳を超えてからが本当の勝負なのです。

第３章と続く第４章は、定年後の「孤独」の不安を解決するための方法について述べていきます。第３章では「コミュニケーション術」、第４章では「情報リテラシー」をテーマとして扱います。

第３章の「コミュニケーション術」では、「サードプレイス」と呼ぶコミュニティーを持つこと、多様な価値観を受け入れる柔軟思考や質問するスキル、そして相手に見返りを求めず「貢献」する姿勢がポイントになります。

そして第４章の「情報リテラシー」については、インプットとアウトプットの手法やバランスが重要になります。とくに中高年が弱いＳＮＳの活用を含めた「情報発信」について詳しく述べていきます。

最後の第５章では、定年後の「健康」に対する不安とどう向き合えばよいかを解説します。私は健康・医療の専門家ではありませんが、世の中に氾濫《はんらん》する健康情報の中から、どのようにして、自分が活用できる正しい情報を選別すればよいかを提示します。

そして、先程述べた「現役で働き続ける」ことによって健康が維持できることを、様々な事例から紹介していきます。

人生100年時代を迎えて、深刻化する「定年後の3大不安」である「カネ」「孤独」「健康」の不安について、あなたが解決するための第一歩を踏み出すきっかけとして、本書を活用いただければ、著者としてこれ以上の喜びはありません。

目次

第4章　100年人生の「情報リテラシー」
～インプットとアウトプットのバランスが大切

第5章　100年人生の「健康法」　193
～情報過剰の時代にいかに正確な情報を取るか

第1章　人生１００年時代の「トリプル・キャリア」とは？

～3毛作の人生を目指すキャリアプラン

60歳定年時に迎える「4つの選択肢」

人生100年時代になって、定年後が35年から40年にも及ぶ長期間になった時、「定年後」の人生設計をどうするかは、人生全体の成否を決める大きな選択になってきます。人生は後半が勝負、長くなった「定年後」の過ごし方がポイントになるからです。

一般的に、会社員が60歳定年を迎えた時には、次の「4つの選択肢」があります。

1. 定年再雇用
2. 出向・転籍
3. 転職
4. 起業

多くの会社員は、この順番でリスクも難易度も低いと考えています。したがって、とくに深く考えることもなく、約8割の人が「定年再雇用」の道に進んでいると言われているのです。

果たして、人生１００年時代になっても「定年再雇用」がほんとうにリスクの少ない選択なのでしょうか。

定年は、誰にとっても初めての経験になるので、自信を持って「定年後」の進路を選択できる人はいないものです。人それぞれ、仕事で身につけた知識・経験・スキルも違い、その時に置かれている状況も異なりますから、「これが正解」という一律の答えはもちろんありません。

しかしながら、65歳からの人生を考えた時に、実は「定年再雇用」が最もリスクの高い選択になるのではないかと私は考えています。なぜなら、65歳で再雇用が終了した後に、稼ぐ手段がなくなってしまうからです。

「定年再雇用」という制度は、いったん会社を退職した上で、期間１年の有期の契約社員として雇用されるもので、「嘱託」や「臨時職員」という形態の非正規社員です。年収も大きくダウンして、大手企業では年収１０００万円前後だった人が３分の１以下の２５０～３００万円程度になってしまう例も珍しくありません。

原則としてラインの管理職ではないため、部下もいないし、後輩が上司になり、コピー取りも資料作りもすべて自分自身で行う、という立場になります。権限も責任もなくなって、多くの定年再雇用者が「仕事にやりがいを感じられない」「自分の居場所がない」と嘆いているのが現実なのです。

さらに、そういう働き方を5年間、契約更新によって続けられたとして、65歳になった時に、果たしてその後に何か他の「稼ぐ手段」を見つけることができるでしょうか。極めて厳しいと言わざるを得ないのです。

では2番目の選択肢になる「出向・転籍」を選んだ人はどうでしょうか？　大手企業の多くはグループ内に子会社を持っており、グループ会社の管理職として50代や早ければ40代で出向となるケースが多くあります。当初は親会社に籍を置いての「出向」となるので、給与などの待遇は親会社のままの規定で、勤務場所や勤務時間だけが子会社の体系になるという「働き方」です。

何となく左遷というイメージがありますが、親会社の命を受けて管理職や経営幹部として出向することも多く、もとの会社の時に比べて幅広い業務経験を積みやすいという利点もあります。出向先のグループ会社の社風に馴染《なじ》んで実力を発揮できれば、そのまま転籍（親会社を退職して子会社へ入社）となって、経営陣に入る恵まれた人もいます。

出向した子会社が経営破綻《はたん》するなどのケースもあるので、一概に「出向・転籍」がいいとは限りませんが、そういうチャンスがあればチャレンジと受けとめて前向きに取り組むのもいい選択でしょう。私の周囲でも「出向・転籍」して成功した人は数多くいます。

但し、この「出向・転籍」は会社の人事異動として発令されますので、なかなか自ら選択してその道に進むことは難しい。チャンスが来れば、ということなのです。

次に３番目の「転職」についてですが、これは自分が持っている経験・スキルが転職マーケットにマッチするかどうかにかかっています。極めて個別性の強いものです。何とも言えませんが、50代～60代での転職は一般的に非常に厳しいものがあります。

年収を大きくダウンさせずに転職できるのは２パターンのみで、１つは経営者としての経験・実績があって、経営陣としてヘッドハンティングされるケース。もう１つは人材が不足しているニッチな分野の専門スキル・技術を持った人。

いずれにしてもごくわずかな限られた人材に対してしか、中高年の転職市場ではニーズがありません。会社を上場させた経験がある経営陣の一角だったとか、ＩＴエンジニアをまとめてプロジェクトマネジメントができるとか、金融とＩＴの両方に精通したフィンテックと呼ばれる分野で特殊技能を持った人などです。

一般的には「転職」の条件は厳しく、60歳の時点でこの選択をすると、「定年再雇用」での年収を下回るという人が多いのが現実です。会社での人間関係に我慢が出来ないといって、こうした厳しい状況の中で転職を目指し、満足できる仕事がなかなか見つからないという人も多くいます。

それでも60歳の場合はまだ、条件面を柔軟に考え、時間をかけて探せば何とか仕事が見つかる人が多いものです。ところが、定年再雇用が終了した65歳というタイミングになると、転職は非常に厳しいというのが現実です。

会社員の定年起業は意外とリスクの低い選択

最後に4番目の「起業」について見てみましょう。一般的には、起業というのは、開業資金を用意する必要があるとか、安定した売り上げを上げるための顧客をどう開拓するか、という面などで、とてもハードルが高いと思われるでしょう。

また、会社員のように毎月、安定した給与収入が約束されるわけでもないため、家族を説得するという壁も出てきます。

確かに、「起業」というと、大きな初期投資をして事業を立ち上げたり、オフィスを構え、社員を雇ったりする本格的な事業の開始をイメージするので、「ハードルが高い」と感じるのも無理はありません。

しかし、最初から大きな投資をして会社を設立したり、本格的な事業を立ち上げたりということではなく、「定年起業」では、自分１人か、自宅を事務所にして家族だけで経営するスモールビジネスとしてスタートすれば、それほどリスクは大きくなりません。

65歳からの仕事を考えた時に、「４つの選択肢」の中で「定年起業」は意外とリスクが少ないのではないかと私は考えています。なぜそうなのかを見ていくことにしましょう。

先程述べた、60歳定年時の「４つの選択肢」の中で、最初の３つ「定年再雇用」、「出向・転籍」および「転職」では、会社に「雇われる働き方」である限り、原則として65歳で終了となります。

とくに「定年再雇用」では確実に65歳で終了となり、その後に「稼ぐ手段」がなくなってしまうのが大きなリスクなのです。

人生１００年時代において、とくにポイントになるのが65歳から後の人生設計です。現在は、65歳から満額の年金をもらえることになっていますが、この年金収入だけで果たしてその先35年間、生活していけるでしょうか？

また少子高齢化がさらに加速していく中で、ほんとうに年金を減らさずにもらい続けることができるでしょうか？　年金が減らなくても物価の方が上がって行った場合には、インフレに対応して本当に年金収入も上がって行くのでしょうか？

年金を積み立てる人は少子化で減り続ける一方、年金を受給する高齢者はこれからも確実に増えていきます。年金財政はほんとうに持続可能なのでしょうか？

今後、海外の先進国のように、年金受給開始年齢が67〜70歳に引き上げられるという議論も始まっています。

そうしたことから現在、定年後不安の第1は、「カネ」すなわち老後資金の確保なのです。

それに対して、60歳定年時の「4つの選択肢」の4番目になる「定年起業」の場合はどうでしょうか。世の中の大半を占める普通の会社員でもできる方法で、かつ「定年のない働き方」ができるとしたら、あなたはどう思いますか？　定年起業は、「雇われない働き方」となるので、仕事をやめる時期を自分で選ぶことができるのが、一番の魅力です。そして当面は、定年再雇用並みの収入を目指す、ということになります。

例えば、現役時代に年収１０００万円前後もらっていた人が、定年再雇用後は２５０～３００万円になるケースは珍しくありません。この水準を目指すということなら、50代からきちんと計画的に準備していけば、これからの時代には、それほど難しく高いハードルにはならないかも知れません。

年金や健康保険など社会保険は自らが全額、負担することになりますが、逆に経費として計上できる範囲はサラリーマンと比べて格段に増えるため、税負担を考慮した手取り金額で定年再雇用でもらう手取り収入を上回るレベルを目指すのです。

例えば、私の場合は年間３００冊以上のビジネス書を読んで、ブログに書評を公開していますが、このブログはビジネスとして書いているものなので、書籍代は全額、経費になります。ビジネス書が大好きで毎日１冊読んでいる私としては、これは有難いです。

その他にも、クライアントと打ち合わせをする時のカフェ代金、食事をしながら行うファミリーカンパニーの営業戦略会議や事務報告会などの食事代も経費になります。食事や雑談、お祝いなどをすることもありますが、もちろん必ず仕事の話もします。

携帯電話、パソコン、プリンター、コピー用紙など文具品のコストはもちろん、自宅の一部を事務所にしていれば、電気・ガス・水道代や家賃の一部も経費計上ができます。税理士にお願いして指導を受けながらプライベート使用のものときっちり区分して経費計上します。ずっとサラリーマンをやっていた人は、自分で事業を始めた場合に、経費の範囲が広いことに驚くでしょう。そのために、「雇われない働き方」では、グロスの総収入に比べてネットの手取り金額が意外と多くなるものなのです。

そうは言っても、「起業」なんてそもそも自分には無理でとてもイメージできない、と感じる人もいるでしょう。でも、「起業」にもいろいろな形があります。私が勧めているのは、とにかく極力、リスクを取らない形の働き方です。

それはズバリ、「雇わない、雇われない働き方」です。自宅を事務所兼用にして、自分1人か、せいぜいパートナーと2人だけのファミリービジネスの形態にします。こうした形で、「長く働く」という選択は、意外とリスクが少ないのです。

働く期間を3分割する「トリプル・キャリア」という考え方

では、「雇わない、雇われない働き方」をして、ほんとうに稼ぐことができるのかを知りたい、という方が多いかも知れません。でも、稼ぐよりも「稼ぎ続ける」方が大切なので、何歳になっても「稼ぎ続ける」ための考え方を、まず整理しておきましょう。

私は、「定年後の３大不安」である「カネ」「孤独」「健康」の３Kをいっぺんに解決する方法として「85歳まで現役で働く」ことを提唱しています。私自身は85歳を超えても「生涯現役」で働くつもりでいますが、「長く働き続ける」ためには大切な原理原則があります。

その1つめが、これまで述べてきたように、できれば60歳から「定年再雇用」を選ばずに「雇われない働き方」にシフトすることです。ここで、「定年再雇用」の手取り年収を上回って稼ぐことを目指します。

実はその後が重要で、さらに「長く働き続ける」ためには、もう一度、「働き方」をチェンジする必要があります。60歳代はまだフルタイムで働いている人も多いですし、体力的にもある程度、自信を持っている人がほとんどでしょう。

しかし、70歳代、とくに75歳を超え、いわゆる後期高齢者に入る頃になると、体力面・健康面の問題を抱える人が多くなります。年齢別の1人当たり年間医療費支出も、60歳代の40万円台が70歳代前半で60万円台になり、75歳からの後期高齢者に入ると70万円台後半へと、急激に増えていきます（厚生労働省「医療給付実態調査報告」データ）。

それだけ健康面で何らかの問題が発生して、病院へ行く人が多くなるためです。体力や健康には個人差も大きいので、一概に年齢タイミングを決めることはできませんが、70歳～80歳のどこかのタイミングで、体力的に無理のない「働き方」にシフトすることが重要になります。

それが長く働けること、稼ぎ続けることに繋《つな》がるのです。人生はマラソンレースで、定年後の後半をいかに充実して生きられるかが、勝負ではないかと思っています。

では、無理のない「新しい働き方」とは、どのような働き方なのでしょうか。私がお勧めするのは、好きな「時間」、「場所」、「仲間」だけで仕事をするという働き方です。

どのくらいの「時間」働くかは、それぞれの体力や健康状態に合わせて決めればいいでしょう。働く「場所」も自宅や近所のカフェなど、自由に選べばよいのです。

一緒に仕事をする「仲間」や、どんな仕事をするかについても、ストレスのない「働き方」を自由にコーディネートして働くのです。

もちろん人によっていくら稼ぐのかという目標レベルは違うと思います。但し、現役のプロとして収入を得ることに拘《こだわ》った方が緊張感を持って仕事ができます。

以上、述べてきた通り、60歳の定年退職時と75歳前後の計2回、「働き方」をチェンジして、全部で3つのキャリアを計画的・戦略的に作っていくという方法を、私は「トリプル・キャリア」と呼んでいます。３毛作の人生を目指すのです。

第1のキャリアは、会社員として「雇われる」働き方。収入は安定しますが、仕事内容、勤務時間、勤務場所、一緒に働く仲間を自分では選べません（会社自体を選ぶことができるのみです）。

第2のキャリアは、「雇われない働き方」で、遅くとも60歳の定年退職時から始めるわけですが、できれば50歳代後半からシフトするか、少なくとも本格的な準備をする方がいいでしょう。どんな準備をして、どんな働き方の事例があるかを後ほど、詳しく述べていきます。私の場合は、57歳で会社員を卒業してフリーランスになりました。

第3のキャリアが、仕事・時間・場所・仲間をすべて自分が好きなものに絞り込んで、自由に働く働き方で、これを「理想の働き方」と呼ぶことにします。「理想の働き方」は人それぞれで、目指す収入も仕事のやり方も、自分が最もいいと感じるライフスタイルで過ごせばいいのです。

私の場合は、70歳になったら、大好きなハワイで「執筆業一本で食べていく」という「理想の働き方」を以前から「夢」としてイメージしています。この「イメージする」ということがとても大切で、そこへ向けて「今何をすればいいのか」、「どんな仕事、どんな働き方を選べばいいか」を日々、判断していくのです。

あなたもぜひ、70歳代くらいからの「理想の働き方」をイメージして、そこへ向けて「今はどういう働き方がいいのか」を考え、準備してみてください。

とくに「セカンドキャリア」として、好きなことを仕事にして「雇われない働き方」に移行する際には、その先にある「サードキャリア」を展望しながら、そのための準備や助走をしていくことが大切です。

そうは言っても「起業」はハードルが高いので、まずは「定年再雇用」や「転職」などを選ぶ人もいるでしょう。その場合でも、「人生100年時代」においては、70歳代で働き方をチェンジして「長く働き続ける」イメージを持っていることが大切です。

最初から「働く期間」を3区分して、戦略的にキャリアを作っていくことで、長く現役として仕事ができるようになるのです。そして、それが「カネ」「孤独」「健康」という「定年後の3大不安」を全て解決することにつながります。

「4つの選択肢」のどれでもトリプル・キャリアを実現する方法

では、60歳定年時に、「4つの選択肢」のどれを選んだとしても、トリプル・キャリアという考え方で、「長く働き続ける」ための方法をお話ししましょう。

最も大切なのは、その準備段階である50歳代の過ごし方です。会社人生の中で、50代は最も大きな転換期になる時期でしょう。一般的に、多くの会社員にとって責任や権限、そして収入もピークの時期になります。

一方で、経営陣として更なるステップアップをするのか、「役職定年」となってラインから外れ、後輩にポストを譲ってスタッフ職になるのか、選別の時期がまさに50代です。

あなたは「役職定年となったので役職を降りて部下のいない立場になってくれ」と会社から通告があったとしたら、どのように感じるでしょうか？

一般的には、「役職定年」に引っかからずに昇進して役員になったり、経営陣の一角に名を連ねたりする方が幸せな人生に思われるでしょう。

でも、私は必ずしもそうは思いません。なぜなら、会社がメインの「キャリア形成」、「人生設計」から定年後を見据えた「自分が主役の人生設計」に、なるべく早く切り替えた方が、充実した定年後を送れる可能性もあるからです。

多くの会社員にとって、「役職定年」は部下もなくし、収入もダウンとなって、モチベーションが大きく下がり、ショックで元気までなくしてしまいます。

でも、ここで発想の転換ができるかどうかが、その後の人生を決めていきます。落胆するのではなく、むしろ人生設計を切り替えるチャンスだと考えてください。

65歳を過ぎてもフリーで生き生きと元気で活躍している元会社員には、40代、50代のときに大きな挫《ざ》折《せつ》を経験した人が多いのです。仕事で無理をして病気になって入院した、うつ病になって長期自宅療養を余儀なくされた、家族の看病や親の介護で時間的に楽な仕事に配置転換や左遷になった、などです。

人間は大きな挫折をしたり、待ったなしの危機に直面したりしたときに、「自分の人生はどうあるべきか」をゼロから問い直し、それまでの会社中心だった人生設計を見直すことになるのです。

元東レ取締役で作家の佐々木《ささき》常夫《つねお》さんは、初めて課長に就任した年に、妻の病気やその後の自殺未遂、自閉症の長男の子育てのために、毎日6時に退社する生活で看病・家事・育児に人生の重点を移しました。そこから自らの人生の優先順位を問い直し、子会社・東レ経営研究所の社長を経て、現在は作家として活躍されています。

私の場合も40代の時に、勤務していた大手銀行が不良債権による経営危機、その中心になっていたグループ不動産会社への出向発令を受け、不良債権と格闘する中で、「自分の人生」と向き合い、ゼロから今後のキャリアについて考え直しました。

やはり人間は、仕事や人生が順調に行っているときには、なかなか立ち止まって自分の人生の意味を問い直したり、将来の人生設計を考えたりはできないものです。

だからこそ、「役職定年」や「左遷」など、会社人生の挫折と思われる局面に遭遇したときには、むしろチャンスだと受け止めていただきたいのです。

では、会社がすべてと思っていたキャリアプランや人生設計を変えようとしたときに、あなたはまず、何を考えるでしょうか？

家庭や家族、あるいは両親の介護という人もいるかも知れません。また、自分が好きな「趣味」の世界に生きる、という人もいるでしょう。

そうした個々の事情はもちろん大切で、人生設計に組み込んでいくわけですが、ぜひ最初に考えて欲しいことがあります。

それは、60歳以降、あるいは65歳以降の「働き方」についてです。会社員としてのキャリアは、社長やそれに次ぐ経営幹部にならない限り、誰でも65歳で終了します。しかし、人生はそこから後が長いのです。

それには、前にも述べた通り、「定年のない働き方」、すなわち、「雇われない働き方」

に、どこかのタイミングでチェンジするしかありません。つまり、フリーランスとして自営で働くのです。結果として「雇われる働き方」を続ける人も多いかも知れません。でも、フリーで稼ぐにはどうするかという発想を持つことは、「長く働く」には重要です。

では、「どうやって準備するのか」ということですが、これまでプロとして仕事をしてきた知識・経験・スキルがベースになります。その専門性を基礎にしながら、自分が好きなこと、得意なことを組み合わせて、オリジナルなビジネスモデルを考え出していく。

したがって、50代の会社員時代には、自分のどんな仕事が将来、マーケットで売れる経験やスキルになるのかを、しっかりと見極め、より一層、磨くことが大切です。

私がとくにお勧めしているのは、会社からも求められ、高く評価される、「後輩や部下への知識・経験・スキルの伝承」という仕事です。まずは、自分が会社の後輩たちのために何を伝えていけるのか、しっかりと自らの会社人生の棚卸しをしましょう。

そして自分なりにこれまでの仕事で得てきたノウハウやスキルを体系的に整理し、第三者にしっかりと伝えていく準備をするのです。

「役職定年」の通告を受けて、落胆している場合ではありません。すぐに発想を切り替え、定年後に「プロとして売れるコンテンツ」を作っておきましょう。部下や後輩を練習台にして伝承していけば、会社にも感謝されることは間違いありません。

自分の強みを「専門性」に変え、3つの「専門分野」を組み合わせる

でも、自分オリジナルのコンテンツなど、果たしてできるのだろうか。あなたがそう思うのも無理はありません。これまでの会社の教育・研修プログラムには、こうしたことを教えたり、トレーニングしたりするものはありませんでした。

そのヒントは、定年後も元気で生き生きと活躍している元会社員のフリーランスの人たちにあります。起業する選択をしない場合でも、長く働き続ける上で、彼らが持っている３つの共通点が参考になります。

それは、まず第１に会社員（プロ）としてのキャリアをしっかりと棚卸しして整理し、現役時代に意識して磨いていることです。とくに50代の時期に定年後を意識して、比較的時間にゆとりが出てきたタイミングで、会社に貢献しながら独立の準備をしてきています。

第2として、自分が好きなこと、得意なことは何かを問い直し、その好きなことに沿ったビジネスモデルを考えていることです。小さい頃から好きだったこと、得意だったことを思い出して、何度も自分の人生を振り返る中で、辿《たど》り着いている人が多いのです。

第3の共通点は、これからの世の中のニーズ、社会で求められる市場性をよく捉《とら》え、時代の潮流に合ったビジネスモデルにしている、ということです。

私は企業研修、コンサルティングの現場や起業家の交流会などにおいて、定年後のキャリアに悩み、準備している人たちに多く接しています。また、実際に定年前後に起業して活躍しているフリーランスの仲間や友人が数多くいます。

そうした人たちに話を聞いていつも思うのは、ビジネスに成功して活躍している元会社員には、以上の「3つの共通点」がすべて見られる、ということです。

例えば、大手電機メーカーを定年退職し、1年間は再雇用で働いたものの、その後フリーになって活躍している石黒孝司《いしぐろたかし》氏（64歳・仮名）。彼はグローバルに展開する大手電機メーカーに定年まで勤務しました。IT分野に詳しく、またキャリアの最後は内部監査の仕事をしていました。海外にも多くの拠点を持っている会社でしたので、海外勤務の経験もあります。それでも「定年再雇用」では同じ内部監査の仕事をしながら、年収は何と5分の1に大幅ダウン。

「再雇用」は1年で打ち切り、現在はIT関連の専門学校講師として、アジアからの留学生にITの基礎を教える仕事をしながら、フリーで内部監査の仕事もしています。ITというベースの知識に、もともと好きだった「教える」仕事を組み合わせました。

海外勤務で培った異文化交流の経験も活《い》かしながら、アジアの若い人たちに日本でＩＴ専門知識を伝えているのです。時代の要請にも合った仕事と言えるでしょう。

私の場合は、銀行ほか転職した会社３社で人事・採用・研修の責任者をしてきました。もともとビジネス書で学ぶことが好きでしたので、幅広い業種に対応できるキャリアや人生設計について、研修講師やコンサルティング、ビジネス書の執筆という仕事をフリーで行っています。人生１００年時代となって「定年後の働き方」は、多くの企業やそこで働く会社員にとって、「働き方改革」の一環として重要なテーマになってきました。

では、「長く働き続ける」ためにポイントとなる「３つの専門分野」の組み合わせを見つけるにはどうすればいいのでしょうか？　会社員としての「専門性」、もともと好きや得意だった「専門分野」、時代の潮流に合った「専門分野」の３つですが、誰でも効果的に発見できる手順・方法があります。

私が行う40代・50代会社員に向けた「キャリア研修プログラム」やコンサルティングでは、「人生ライン」と「家族イベント表」の２つを使って、これまでの人生とキャリアの棚卸しをしてもらっています。

この作業は、会社である程度キャリアを積んだ40代~50代という時期に、定年後の人生を展望しながら行うのがベストなタイミングです。幼稚園まで遡《さかのぼ》って記憶がある限り、自分の人生における出来事（イベント）を振り返り、その時の人生満足度（充実度）をプラスマイナス10点満点で、ザックリと自己評価してみるのです。

とくに、どんな時期のどんな出来事があったタイミングで人生の充実度がピークになっていたかをプロットし、その共通点を考えてみます。

それからもう1つ、どん底の出来事から復活して上向きになった時のきっかけや推進力が何だったのかに注目することも大切です。挫折やピンチは飛躍への助走となることが人生では本当に多い、というのが、自らの経験や数多くの人たちのキャリアを見てきた私の実感です。これを把握しておくと、自分にとっての立ち直りのコツが分かってきます。

「家族イベント表」は、この人生ラインを作成するときの基礎資料として活用します。私たちのキャリアはその時々の家族の状況とも密接に関わっているものです。転勤や引っ越しはもちろん、結婚、出産、子どもの卒業・進学など、私の場合もキャリア形成に大きな影響がありました。併せて世の中で起こった出来事も参考にすれば効果的です。

この人生・キャリアの棚卸しをした上で、自分のプロとしての「専門性」、「好きと得意」、

「社会ニーズへの貢献」の3つを組み合わせて、自分だけが世の中に提供・発信できる価値（コンテンツ）を作り上げていくのです。

第2の人生は「好きなこと」を仕事にする～セカンドキャリア

定年後に「雇われない働き方」をして、再雇用並みの年収を稼ぐことが本当にできるのでしょうか。60歳では「定年再雇用」を選び、その後でセカンドキャリアを目指す人もいるでしょう。やはり「起業」は難しいのでしょうか？

大手証券会社に定年まで勤務した後、半年間の定年再雇用を経て独立し、現在は経済コラムニスト、ビジネス書作家として活躍する大江《おおえ》英樹《ひでき》氏は、著書『老後不安がなくなる定年男子の流儀』（ビジネス社）で、「定年退職後の起業は、若くして起業するのと違ってあまりリスクはない」と述べています。

一般的な定年退職者の場合は、若い人にはない退職金、貯蓄、65歳からの年金など、何らかの生活していける原資が存在するからというのがその理由です。もちろん定年退職者が置かれている状況は各人各様ですし、起業のやり方によっては高リスクになるケースもあります。

しかしながら私も大江氏の意見に賛成で、定年起業の場合は、家族以外の人を雇わず、自宅を事務所にするなどの工夫をすれば、ローリスクで起業することは難しくないと考えています。

現代はインターネットの普及により、広告宣伝や告知のためのコストも大きく下がっています。小規模会社や個人でも、独自のビジネスモデルで戦うことは十分に可能なのです。

では、セカンドキャリアのビジネスとして、何が最も大切なのでしょうか？　リスクを抑えることも含めて、以下の順で大切なことが5点あると私は考えています。

1. 「好きなこと」を事業の軸にすること
2. 何で社会に貢献するのか、事業理念を明確にすること
3. 自分だけのオリジナルな価値を提供すること
4. 家族以外を雇わない小規模で事業を立ち上げること
5. 借金をしないこと

なぜ「好きなこと」が1番大切な項目になっているのか？　他の項目の方が大事なので

はないか、とあなたは思うかも知れません。

それは、事業は「やめない」ことが、たった1つの成功する秘訣《ひけつ》だからです。定年退職者が1人で事業を立ち上げたときに、すぐに結果を出せることはむしろ稀《まれ》です。そもそも誰にも事業内容が知られていない状態からスタートするのが普通なのです。

後程詳しく述べますが、専門家として、自分のユニークな事業について、結果が出るまで発信し続けることが必要です。まったく反応や反響がないのに発信を続けることはとても忍耐力がいることです。「好きなこと」でなければとても継続できない、というのが、私自身の経験や何人もの定年起業家を見てきた実感です。

逆に「好きなこと」であれば、反響は関係なく淡々と発信を継続できます。続けていれば少しずつでも情報が拡散し、継続することで事業が立ち上がりやすいのです。だから「好きなこと」が1番目に来る、というわけです。

2番目の「事業理念」も仕事の「軸」がブレないという意味で大切です。自由に仕事ができるため、自ら自分を律していかないと「軸」がブレてしまうのです。事業は信頼を得ることで成長していくものなので、信頼を損なうことのないよう、しっかりした「軸」を「理念」として掲げることが重要になります。

3番目は、報酬を得るために、どんなことで貢献するかを明確にしておくことです。これが明確なら堂々と報酬を請求していくことに、ためらいがなくなります。

4番目と5番目は、要するにファミリービジネスの範囲で事業を行うことで、リスクを最小限に抑えるということです。定年起業では、このようにリスクを取らない形で立ち上げることを、私は強くお勧めしています。

第3の人生は好きな「時間」「場所」「仲間」と働く～サードキャリア

定年後に「雇わない、雇われない働き方」として、ファミリービジネスの範囲で仕事をし軌道に乗せるまでに、忍耐と継続が必要なことを、これまで述べてきました。

私が提案する「トリプル・キャリア」では、このセカンドキャリアの期間を15年くらいと想定しています。その根拠は、例えば60歳でセカンドキャリアに移行したとして、後期高齢者となる75歳くらいが、体力的な面から1つの転機になると考えるからです。

もちろん健康状態や体力面には個人差も大きいので一概には言えません。私が見てきた元気なオーナー経営者の場合は、80歳前後で実質的に後継者に託す人が多かったように思います。海外のビジネスパートナーとのトップ交渉、海外出張など、かなり体力的に負担のかかる重要な仕事でも、多くのオーナー社長は80歳くらいまでは自ら陣頭指揮を執ってやっていました。

逆に、健康面に不安があって負担を減らしたいとか、企業経営のほかに本格的な社会貢献活動などを始めたいといった理由で、70歳をめどに経営の第一線から身を引く経営者も多く見てきました。

したがって、75歳プラスマイナス５歳で、70歳～80歳のどこかのタイミングというのが、「働き方」をもう１回チェンジして、サードキャリアに移行する時期でしょう。

この時に私が勧めたいのは、完全引退や隠居ではなく、サードキャリアとしての「新しい働き方」をすることです。

実は、このサードキャリアは、会社員や公務員を長くやってきた元サラリーマンで、「定年起業」をした人にこそ向いている、というのが私の考えです。

それはなぜか。厚生年金という安定収入を確保しながら、フリーランスとして稼ぎ続ける形になるので、収入目標を比較的低く設定できるからです。例えば、事業のシフトに失敗して、収入が大幅に減ったり無くなったりしても、年金だけで生活していけるように生活をダウンサイジングする方法が取れます。

ずっと自営業者でやってきた人は、国民年金だけでは、20歳～60歳の40年間かけて満額受給したとしても、一人月額6万6０００円前後。それに対して、厚生年金は現役時代の年収によって個人差はありますが、30年以上掛けてきた「定年起業家」であれば、その2～3倍くらいの年金を確保できるでしょう。

この年金に加えて、例えば月に10万円でも、5万円でも、フリーランスとしての収入があれば、ライフスタイルは随分、違ったものになります。そして、このくらいの収入目標であれば、働く「時間」「場所」「仲間」を自分で自由に決めて、仕事をコントロールする「新しい働き方」も可能になるのです。

例えば、どんな働き方になるのでしょうか？　朝10時から15時までしか仕事をしない。そのうち昼休みは90分間ゆっくり取る、という勤務体系も可能です。あるいは月・水・金の週3日だけ仕事をする、それも10時～16時の時短勤務というのもOKです。

働く場所についても、自宅から半径1キロ以内のカフェだけで働く、あるいは温暖なリゾート地に拠点を借りて、冬の寒い時期だけはそこで仕事をする、といったライフスタイルもできないことはありません。これからは地方の空き家問題で古民家などを安く借りる方法もあるでしょう。インターネットでビジネスができれば場所の自由度は拡がります。沖縄などはすでに人気の拠点だそうです。

インターネットを使ったスモールビジネスが誰でもできる時代になったからこそ、きちんと計画的に準備をすれば、とくに定年退職者が起業した場合には、さまざまなライフスタイルの選択肢を模索することが可能になったのです。

私が、定年後の働き方のモデルの１人にしている山崎幸弘《やまざきゆきひろ》氏（79歳・仮名）は、自宅のある都内の地域活動をメインにしながら、85歳まではリスクのないスモールビジネスを手がけるというライフスタイルを実践しています。

彼は70歳の時に出会った米国医師が書いた書籍『１００歳まで病気にならないスーパー免疫力』（Dr.ジョエル・ファーマン・日本文芸社）に感銘を受けて、そこに書かれた栄養バランスの取れた食生活を実践するために、奥さんに代わって自ら野菜をメインにした料理を手がけるかたわら、書籍から得た知識・内容のエッセンスを、ＳＮＳで発信しています。

私のサードキャリアについては、先ほども紹介した通りです。「研修講師やコンサルティングを行いながら、ブログやビジネス書の執筆をする」という現在の働き方を、70歳をめどに「拠点を大好きなハワイに移して、執筆業をメインにした仕事にシフトしていく」

という夢を持っています。

70歳～80歳というタイミングで切り替える、このサードキャリアは、その時に自分が置かれた状況、体力や健康状態によって、柔軟に「働き方」を変えて行けるのがいいところです。平日フルタイムの仕事や時間・場所の拘束があるパートタイムの「雇われる仕事」でない「理想の働き方」を、あなたもぜひ、めざしてみませんか。

サードキャリア「理想の働き方」を実現するためのポイントとは？

では、どのような「働き方」をしていけば、70～80歳というタイミングで、自分の健康状態や体力に合わせた「理想の働き方」へシフトしていけるのでしょうか？

私たちはこれまで、全力で働いて稼ぐか、もしくは仕事を引退して隠居生活、いわゆる余生を過ごすかという、二者択一でライフスタイルを捉える傾向がありました。

とくに戦後の高度成長を支えてきた団塊世代（現在67～70歳）やそれに続くポスト団塊世代（私も含めた54～66歳）の人たちは、モーレツ社員タイプが多く、どうしても手を抜いて働くということができない世代です。すべての仕事が全力投球なのです。

でも私が勧めるサードキャリアの「理想の働き方」とは、完全引退や隠居をしない代わりに、思い切りわがままな「働き方」をしようというものです。働きたい時間だけ働く。働きたい場所でしか働かない。原則として通勤などの負担もない。そして一緒に働く仲間も気の合う人とだけチームを組んで働く。

そういう働き方なら、何歳まで働いてもいい、とあなたも思うのではないでしょうか。そして、この「働き方」のバランスは、毎年変えていってもいいし、極端な話、変えたくなったらその都度変えてもいいのです。

それなら、もっと気楽なボランティアの方がいいのでは、と思う人もいるかも知れません。その方が自分にとってワクワクするなら、もちろんそういう生き方を、私も否定しません。

でも私が自ら目指し、皆さんにも勧めているのは、出来る限り長く「働き続ける」「稼ぎ続ける」というライフスタイルです。それは、社会への貢献、社会との繋がり、社会への価値提供の対価として報酬を得るという証があるからです。

また、報酬を得るからこそ、何歳になってもプロとしての緊張感や誇りを持ち続けることができるためです。世の中の変化に対応して、ビジネスモデルや自分が提供するサービス・商品を変えていかなくては、稼ぎ続けることはできないでしょう。

そういう緊張感の中で仕事をするからこそ、規則正しい生活のリズムを維持し、つねに自分の頭で考えて工夫するという、前向きな試行錯誤が生まれるのです。

そういう意味では、何歳になっても学び続けること、自己投資をして自分の知識やスキルを磨き続けることも必要です。最近では「生涯学習」ということで、大学の社会人向けオープン講座、自宅に居ながら低価格で学べる放送大学、各種eラーニングも豊富なメニューが揃っていて、学ぶ環境は拡がり、多様な選択肢が用意されています。

趣味のカルチャーセンターへ通うのもいいのですが、私は現役のプロの立場で、自己投資として仕事に関連する知識・スキルを学ぶことを勧めています。もちろん仕事に関連する自己投資は、ビジネスとしての経費になります。

では、働く「時間」「場所」「仲間」を自由に決めて稼ぎ続けるサードキャリアを成功させるためのポイントは何でしょうか?

それは、あなたの商品・サービスを、お金を払ってでも欲しいというお客様が、継続して存在し続けること。それを私は「ファン」と呼んでいます。

ファンというのは、長い時間をかけて育て、増やしていくもので、独立してフリーになったらすぐにできるものではありません。大スターと言われる歌手やタレントでも「長い下積み期間」があったりします。

そんな大規模なファンでなくても、もちろんいいわけですが、あなたを応援し続けてくれるファンは、長い期間の「ビジネスの継続」から生まれると私は考えています。できれば、狭くてもいいから、誰もやっていないいわゆるブルーオーシャンの領域で、あなただけが提供できる価値を、とにかく「長く継続して」提供、発信していくことがポイントです。

したがって、サードキャリアでは、長い期間の「継続」が重要になります。もし、あなたのファーストキャリアやセカンドキャリアと関連した仕事を「継続」しているとしたら、そんなに長くニッチな分野を続けている人は、おそらく誰もいないでしょう。誰も手がけない狭い分野であれば、間違いなくあなたがオンリーワンになれます。

セカンドキャリアのところでも説明しましたが、「継続」するための最大の秘訣は「好きなこと」をすることです。

したがって、「好きなことを継続する」というのが、サードキャリア成功のための最大のポイントなのです。

サードキャリアを充実させるために、もう1つポイントがあって、それは、未来に向けた「夢」や「目標」を掲げて、できれば外に向かって宣言して、そこを目指してビジネスを進めていく、ということです。

セカンドキャリアでは、事業理念と社会貢献を大切なポイントとして紹介しました。このサードキャリアでは、それを延長し、進化させた「夢」や「目標」として、ずっとそこに向かって努力し続けること。別の言葉で言えば、「ライフワーク」です。これこそが自分が生きている意味、生きがいというものです。あなたのファンは、未来の「夢」に向かって進んでいく、あなたの姿勢に共感して、応援してくれるのです。

自分と未来にフォーカスすると人生が変わる

自己啓発書の古典やさまざまなビジネス書で、「夢」や「目標」を設定して強く願う、行動するということをあなたも何度か読んだことがあるでしょう。

ここでそれを詳しく繰り返すということではありません。私が伝えたいことは、ビジネスを小さく長く続けていくときに、「1本通った芯《しん》」を掲げていくということです。自分が目指すものが明確であれば、ビジネスが迷走することがなくなります。

また、健康状態や体力面での制約から事業を絞り込むフェーズに入った時に、何を残して何を継続していくのかという判断の「軸」がブレずに済むのです。

心理学でよく使う、「他人と過去は変えられない。自分と未来は変えられる」という言葉があります。人間関係で思い悩む人が、とくに職場では多いのですが、その大半が、過去のことをクヨクヨと後悔したり、他人が自分の気持ちや意見を理解してくれないと嘆いたりするものです。

過去にやってしまった失敗は今から変えられないし、そもそも他人の気持ちや意見を自分が変えることはできません。

自分の人生で、とくに大詰めのサードキャリアに入ったなら、「自分と未来にフォーカスする」ようにしてください。

それは、人生この期に及んで、もう他人のことは気にしなくてもいいではないか、ということ。そして、今さら過去を気にしても変えられないのだから、思い悩むことはやめましょう。「好きなこと」をビジネスとして、小さく長く続けていけばいいのです。

人生１００年時代となり、定年後が35年～40年の長期にわたることで、私たちは「カネ」「孤独」「健康」の不安を感じて、世の中の情報もそうした危機感で溢《あふ》れています。

でも、これまで述べてきたように「働き続ける」という選択をした瞬間に、自分で何をしていくのか、自分の「好きなこと」は何なのか、というように、自分と未来にフォーカスするようになるのです。

それでは、未来の「夢」や「目標」を持って行動し続けるのに有効な方法を２つ紹介しましょう。人間は意志が弱い動物で、忙しさや体調の悪さなどの影響で、なかなか行動が継続できなくなってしまうものです。

まず１つ目の方法は、多くの企業経営者が実践している、手帳に「夢」や「目標」を書いて、毎日眺めるという方法です。

例えば、ＧＭＯグループ代表の熊谷正寿《くまがいまさとし》氏が書いた『一冊の手帳で夢は必ずかなう』（かんき出版）には、手帳を活用して、「夢をかなえ、なりたい自分になる」方法が詳しく書かれています。

また、ひきこもりや知的障がい者も戦力にする経営で、多くの障がい者雇用で有名なアイエスエフネット代表の渡邉幸義《わたなべゆきよし》氏は、「未来ノート」を20年以上も毎日、書き続けて「夢」をかなえてきたそうです。『「未来ノート」で道は開ける！』（渡邉幸義・マガジンハウス）に具体的なノートの記入例まで掲載されています。
どんな手帳やノートでもいいのですが、自分に合ったもので、「夢」や「目標」を毎日書いてみましょう。毎日見ることで、つねに自分の潜在意識に刻まれ自然と行動するようになります。

それでも、書くことすら毎日はなかなかできないという人にお勧めする2つ目の方法として、「ビジョンボード」というものがあります。世界のいろいろな国で使われているそうですが、日本では望月俊孝《もちづきとしたか》氏の「宝地図」がよく知られています。

これは、自分が行きたい場所や「夢」として持っているものの写真やイラストなどをコルクボードに貼りつけて、毎日眺めるという方法です。

ビジョンボードの作成は、実現できるかどうかは考えず、自由に発想を膨らませて、楽しみながら自分の「夢」がかなったときをイメージして、できるだけリアルな写真を切り取ってボードに貼りつけていきます。

私も実際にやってみましたが、とにかく楽しくて夢中になります。そして、自分だけのオリジナルなビジョンボードが完成した際には、何かすでに「夢」がかなったような楽しさが湧き上がってきて、ワクワクした気持ちになるのです。

その後、ボードを必ず目に付くところへ置けば、毎日手帳を見る方法と同じで、夢が潜在意識に自然と刷り込まれることになります。

詳しく知りたい人は、『[新版]幸せな宝地図であなたの夢がかなう』(望月俊孝著・ダイヤモンド社)を読んでみてください。

定年後のセカンドキャリアでも、さらにサードキャリアに入っても、自分と未来にフォーカスして、「夢」や「目標」に向かって現役で働き続けることで、不安を感じている暇もなくなっていくのです。

定年後の人生設計に「幸福学」を入れる

これまで人生100年時代に入った現在において、「定年後の3大不安」をいっぺんに解決する方法として、現役で「働き続ける」ことを説明してきました。

ここでは、不安の解消からさらに一歩踏み込んで、「どうしたら幸せになれるのか」という観点から、定年後の35年〜40年を考えてみたいと思います。

あなたは「幸福学」という学問を聞いたことがあるでしょうか? あるいは、ポジティブ心理学という学問なら耳にしたことがあるかも知れません。

実は、幸せは気の持ちようではなく、「どうしたら幸せになれるのか」が科学的に分かってきたのです。

日本でただ1人、「幸福学」の研究者で、第一人者と言われている前野《まえの》隆司《たかし》・慶應義塾大学大学院システムデザイン・マネジメント研究科教授は、「幸せな人は、自己肯定感が高い、仕事のパフォーマンスが高い、目標が明確、利他的、楽観的、多様な友達がいるなど、どんな人でも生かせる知見が蓄積されています。」と、著書の中で述べています（『実践 ポジティブ心理学 幸せのサイエンス』（PHP新書）より）。

これまでの定年退職者の間でよく聞かれたのが、60歳で仕事の第一線から外れてからは、「仕事のやりがい」や「生きがい」を感じられなくなった、という声です。

それは例えば、「定年再雇用」を選択して同じ会社で継続して勤務した場合では、「権限と責任がなくなり、お客さまや社会に貢献しているというダイレクトな手応《てごた》えがない」といったことです。

あるいは、これからは悠々自適で旅行や趣味に生きるとリタイア生活に入った人でも、「社会との繋がりが感じられないことが、これほど寂しいとは思わなかった」という声に代表されるように、幸せを感じられないという人が多いのが現実です。

前述の前野教授の研究室で、日本人を対象に行った幸福学の研究成果として、幸せの因子分析の結果、次の4つの因子が得られたそうです。

1.「やってみよう！」因子（自己実現と成長の因子）
2.「ありがとう！」因子（つながりと感謝の因子）
3.「なんとかなる！」因子（前向きと楽観の因子）
4.「ありのままに！」因子（独立とあなたらしさの因子）

（詳細は前述の『実践 ポジティブ心理学 幸せのサイエンス』および『幸せのメカニズム 実践・幸福学入門』（前野隆司著・講談社現代新書）参照）

つまり、この幸福学の研究結果から言えることは、やはり現役で働き続けている方が「幸せ」を感じやすい、ということです。

何歳になっても目標を持って自己実現と成長のチャレンジを続け、仕事を通じた繋がりや感謝の心を持ち、前向きに楽観的に、自分の好きなビジネスを自由に推進していくこと。

幸福学の研究を学んだ時に、私がこれまで研修やコンサルティングで提示してきた「トリプル・キャリア」という新しい働き方が、科学的にも「幸せ」を感じやすいのだと知りました。

現在の日本の企業社会は、大学生に人気の大企業や成長企業でも、多くの新入社員が職場の人間関係に悩んだり、自分の仕事にやりがいを感じられなかったりして、1年も経たずに辞めていくと言います。

今の20代の若い人たちの方が「幸せとは何か」についてよく考え、すぐに行動してしまうのかも知れません。

新入社員を指導する立場の若手社員も、管理職の立場にある人も、そして採用・研修のプロであるはずの人事セクションの社員でさえも、辞めていく新入社員と対話することができないでいます。

本人が悩んでいる最中に本音を聞き出すことができないために、退職すると決めてから初めて話し合うという後手の対応になってしまっているのです（新入社員の悩みについては、拙著『入社3年目までの仕事の悩みに、ビジネス書1０００冊から答えを見つけました』（キノブックス）を参照）。

ここでなぜ、新入社員が退職する話をしたかと言えば、定年退職をして再雇用で働くことになったり、転職をしたりした60歳代の中高年社員は、まさに新入社員と同じような環境に置かれ、同じ思いをするからです。

権限と責任がなく、自分で独立して仕事を進めることはできず、先輩（中高年者の場合は後輩）や上司の理不尽な指導にも反論したり、自己主張をしたりする機会が与えられない状況に置かれます。

仕事のやりがいも自己肯定感も感じられない。つまり、「幸せ」を感じられない状況に置かれてしまうのです。

「定年再雇用制度」は、まだ始まってから日も浅く、これからどのように運用すればいいか、企業にとっても試行錯誤が続くでしょう。

一方、新入社員の教育・指導については、かつてはうまくいっていたのに、どうしてうまく機能しなくなってしまったのでしょうか。その原因となった、「企業を取り巻く大きな環境変化」について、次に見ていくことにしましょう。

企業の本音と変化を知って「働き方」を考える

昔の日本企業では新入社員教育がうまく行っていたのに、今はなぜ新入社員を定着させることが難しくなってきたのでしょうか。

かつては日本経済全体のパイが大きくなっていく高度成長時代で、どの企業も成長していて、余裕がありました。ＯＪＴでマンツーマン指導を丁寧に行い、年功序列の賃金制度により、社員みんなが昇給していく時代でした。

転機になったのは１９９０年代のバブル経済崩壊と、ベルリンの壁崩壊後の本格的なグローバル化だったと私は考えています。とくに大きいのは「成果主義」という名の賃金カット、人件費抑制のための人事制度の仕組みが導入されたことです。

私はキャリアの後半がすべて、人事の仕組みを作ったり運用したりする立場の人事部門責任者でしたので、企業の論理がよく分かります。銀行業をはじめ、人材業、製造業（メーカー）と様々な業種や規模の会社で人事制度を作ったり改定したりしてきました。

どんな綺麗《きれい》ごとを並べようとも、コスト（とくに固定費）の最大費目である人件費をいかに抑制するかがグローバル経済時代における企業の競争力に直結するのです。

作家で元外務省主任分析官の佐藤優《さとうまさる》氏は、「ソ連崩壊後、資本主義の発展が社会主義革命によって阻止されるという危険がなくなったために、資本家は躊躇なく労働者を搾取できるようになった。その結果、日本においても中産階級が急速に没落している。」（『40代でシフトする働き方の極意』（佐藤優著・青春新書インテリジェンス）より）と述べていますが、私も基本的には同じ見方です。

ソ連崩壊は1991年12月で、日本のバブル崩壊やグローバル経済化が本格的に進み始めた時期とほぼ重なります。その頃から、日本企業でもグローバル競争の中で、猛烈な人件費抑制が行われました。非正規雇用という仕組みを生み出し、正社員も年功賃金制度を改定し、労働者はこれで完全に分断されました。

成果主義というのは、新入社員や後輩を丁寧に指導して、自分より成果を上げてしまったら、自分のポジションが奪われ、給与でも追い越されてしまいかねない仕組みです。

こうした中で、教育・指導を行い、それをきちんと人事評価に組み込んでいくというのは、「言うは易く行うは難し」です。成果は数値に置き換えなければ客観性が担保されません。どうしても管理職であるマネージャーでも自ら数値目標を持った「プレーイング・マネージャー」にならざるを得ないのです。

そうすると自然と、部下の数値よりまず自分の数値となってしまい、教育指導に時間をかけられなくなってしまいます。結果として、部下や後輩、とくに手間のかかる新入社員への教育時間が削られ、コミュニケーションも少なくなってしまうというわけです。

しかしながら、新卒新入社員となる20代前半の人口が年々減少し、一方で中高年世代の大量退職により企業の求人が増えていることから「人手不足」の状況になり、新入社員の離職率の高さが、どの企業にとっても大きな問題になってきました。

これまで人件費削減に重点を置いてきた企業の人事政策でしたが、戦力になる前に採用コストや研修コストをかけてきた新入社員が退職するとなると、人件費コストが大きく上がることになってきたのです。

加えて電通の過重労働問題で、人数が不足するままの状態で既存社員の残業によって対応してきた職場も、そのまま放っておくわけにはいかず、人員補充を急がねばならなくなりました。「ブラック企業」の風評が広まると、人材採用にも大きな支障となってきます。

そうした状況の中で、日本企業にも大きな変化が現れつつあります。要するに、「人を大切にする」企業へ注目と関心が集まり、そういう企業が安定的に成長すると次第に認知されるようになってきたのです。

今や情報社会なので、インターネットを通じて企業に関する情報は、瞬く間に拡がります。日本企業の多くが今、新入社員や中高年社員に対して、もっと丁寧な対応をしなければ生き残れないと認識を変えつつあります。

そうした企業の本音と変化を知った上で、定年が近づいた40代・50代の会社員も、自らの「働き方」を考えて行かねばなりません。

とくに50代で役職定年になった人たちに私が強く勧めているのが、自ら会社の中で築き上げてきた知識・経験・スキルを、新入社員をはじめ、かつての部下や後輩に対して、体系化して伝承していくという仕事です。

営業の専門スキルがある人なら、例えば、実戦的な「営業マニュアル」を作成して、それを使って若い営業担当者を集めて講義したり、同行営業を行って実地でトレーニングしたりするのです。

あるいは企画書のプレゼンであれば、企画書の作り方のポイントをまとめたり、プレゼンのスキルを伝承したりといった仕事があるでしょう。

実はこうした経験が、定年起業後のフリーランスの仕事の準備に直結するのです。部下がいなくなったと腐っている暇はないでしょう。

第2章　100年人生の「時間術」

～人生を俯瞰して「人生設計図」を作る

65歳と75歳の壁

人生１００年時代になって、「定年後」の35年から40年をどう過ごすかが、人生の質を決める、「人生は後半が勝負だ」と述べてきました。

ここでは、「長く働き続ける」ときに、一般的に多くの人たちに立ちはだかる「年齢の壁」について考えていきます。これまでは「人生80年」を前提として、日本の企業社会では、「60歳定年」が大きな節目として意識されてきました。

しかしながら、「人生１００年時代」においては、「65歳の壁」と「75歳の壁」が人生において最大のポイントになる、と私は考えています。

まず「65歳の壁」については、これまで述べてきた通り、定年再雇用での期限が65歳になっていることです。同じ会社で働くことのできる期限の年齢が65歳になっている。つまり、65歳以降は、これまでの働き方の延長で仕事をしていくことが、ほとんどの人にとって難しくなります。

体力的な衰えを感じる年齢でもあり、65歳は、長年慣れ親しんだ職場を去るという「心のショック」も重なって、緊張感がなくなり、健康を損なう人も多いのです。

現在は、全員が65歳から公的年金を受給できることになっていますが、年金だけで生活に十分な金額を受給できる人はごくわずかで、65歳以降も働きたいという人が多いのが現実です。

ところが、65歳になってから新たな職場や働き方を探すには、体力面でも厳しかったり、精神面でも切り替えが難しかったりして、新たな仕事を見つけるのは容易ではありません。

これが「65歳の壁」で、働く環境をこのタイミングで切り替えるのはハードルが高い、と意識しておく必要があります。

もう1つの壁が「75歳の壁」です。こちらは、いわゆる後期高齢者となって1人当たり医療費が急激に増える年齢で、何らかの体の不調で病院にかかるなど、健康面が生活のネックになってきます。

65歳以降も働き続けている人でも、多くは70歳代までをめどにしていて、元気に働いている経営者や自営業の人であっても75歳～80歳を区切りにする人が多いのです。

この年齢になると、日常での「移動距離」が短くなり、いわゆる生活の行動範囲が極端に狭くなってくる傾向があります。

私が接してきた大企業経営者、中小企業のオーナー経営者、自営業の方の大半も75歳前後で、仕事で移動する場所を制限するようになりました。海外出張をやめたり、国内出張でも回数や移動距離を減らしたりしています。

ほんとうに元気なオーナー経営者でも、海外や日本全国を飛び回る仕事のやり方は80歳をめどに終了している人がほとんどでした。

私の両親をはじめ、身近な高齢者たちを見ていても、75歳を境に、旅行に出かけるなどの行動範囲が狭くなる人が目立ちます。

この「75歳の壁」は、健康・体力面から来る「移動距離の壁」で、生活および仕事を続ける場合でも、その活動範囲が狭くなることを、予《あらかじ》め意識しておくことが大切です。

人生80年が常識だった時代にはとくに考える必要もなかった「75歳の壁」ですが、これからの「人生１００年時代」では、この先の人生も長いのです。四半世紀にも及ぶこの25年間を展望して、75歳を節目とした「人生の設計図」を作っておくことが充実した人生を送るポイントになるでしょう。

では、この65歳、75歳という人生の「２つの壁」をどのように乗り越えればよいでしょうか？　そして、どのような「人生設計図」を描けばよいのでしょうか？

私は、「55歳の役職定年」と、その10年前にあたる「45歳の転換期」が、後に訪れる「2つの壁」の準備をするチャンスのタイミングだと考えています。

45歳、55歳、65歳、75歳と、各年齢の大台半ばに、10年ごとに転機や「壁」がやって来ると想定して「人生設計図」を準備しましょう、というのが私の提案です。

それぞれのタイミングで、どのような準備をすればよいかについては後ほど詳しく述べていきますが、40代・50代から準備すること、そのために時間をどのように使っていくかという「時間術」がポイントになります。

「55歳の役職定年」では、会社の中での目標をスパッと切り替える潔さが大切です。年収がダウンした、部下がいなくなったなどと嘆いている場合ではありません。会社での出世レースなど、人生のレースに比べれば小さなことなのです。

また、「45歳の転換期」とは、会社での自分のゴールが見える時期のことです。このタイミングで、左遷の憂き目に遭ったり、不本意な人事異動があったりする人が多いのです。理不尽な上司のもとで、40歳代で「うつ病」になる人も多く見られます。

こうした45歳前後で、これまで会社人生を突き進んでいた働き方を切り替えるチャンスがやって来ます。処遇に不満を感じる出来事があったとしても、むしろチャンスだと受け止めるようにしてください。

45歳から「専門性」を磨き上げる

会社人生の中で、45歳は入社から20年以上が経過して、ほぼ自分の会社でのゴールが見えてくる時期です。順調に出世街道を歩んできたと思われる人が、40歳代に入る頃から徐々に変化に見舞われることが多いのです。

このタイミングで変化が訪れるのにはいくつかの理由があります。まず1つには、プレーヤーとしての実績よりも、部下やチームとしての成果が問われ、会社からの評価の基準が変わることです。「名プレーヤー、必ずしも名監督にあらず」は、スポーツの世界だけではなく、会社組織でも同様でしょう。

また、思いがけず部下の不祥事の責任を取らされるなど不運に遭遇するケースもあります。あるいは、上司が会社の派閥争いに敗れて失脚し、そのあおりを受けて閑職へ異動させられるといったこともよく起こります。

そうしたことはなくても、いわゆる人事異動のタイミングの綾で、予期せぬ転勤や左遷と受け取れる不本意な人事異動が発令されることもあります。

男性の場合は42歳の厄年の前後に体調を崩して入院など、これまでの無理が原因で長期の休養を余儀なくされることも多いようです。

私の場合も、42歳厄年のタイミングで、突然、「肺炎により10日間入院」という人生初の体験をしました。

身体の不調だけではなく、会社の業績が厳しくなり成長が止まると、社内の人間関係に悩む人が増えます。例えば、成果主義での人事評価が厳しくなり、上司によるパワハラが原因で、うつ病など「心の病」に襲われて戦線を離脱する人も最近は多くなりました。

このように45歳というのは、会社のキャリアにおいて何らかの「挫折《ざせつ》」を味わう転換期になることが多いのです。

第１章でも紹介した、大手食品メーカーで工場運営の実質的な責任者を担い、順調に会社での出世階段を上っていた山崎幸弘氏（79歳）も45歳の時に転機が来ました。上司が社長レースに敗れて失脚したことに伴い、対立派閥の一員と見なされて工場運営のラインから外され、まったく経験のなかった社員教育を担当する部署へ異動となったのです。

その時は理不尽な処遇にショックを受けたそうです。ただ、そこで気持ちを切り替え、60歳定年以降の仕事も展望して、徹底的に自己啓発や研修講師としてのスキルを磨いた、と言います。

山崎氏によれば、「サラリーマンとしての枠を超えて」仕事をした、ということです。自費で高額な自己啓発教材やセミナーに投資をし、会社の休日にも学び続けました。

その結果、60歳定年で会社とはきっぱりと縁を切り、人気研修講師として全国を飛び回る仕事を10年以上、続けることになったのです。45歳の転換期に、徹底的に専門性を磨く方向に舵《かじ》を切った成果でした。

私の場合は、44歳の時に22年間勤務してきた銀行が、膨大な不良債権により単独で存続することが困難になり、3行統合で生き残りを図る事態になりました。そのタイミングでたまたま、銀行最大の不良債権となっていたグループの不動産会社へ出向していて、まさに第一線で不良債権処理を私が担当することになりました。

日々悩みぬいた末に私が出した結論は「転職」でした。そのためにTOEICスコアを上げようと、ビジネス英語力をつける自己啓発を開始することになったのです。

このように45歳前後で、会社キャリアの転機を迎える人が多いのです。先に紹介した東レの佐々木常夫さんが家庭の事情で働き方を見直したのも40歳代でした。

この「45歳転換期」において、その後の長い人生を改めて考え直すことはとても重要です。日々の忙しさで深く考えずに会社生活を過ごして来てしまう人が多いからです。

45歳であれば、会社キャリアにおけるゴールがある程度見えてくる時期で、順調に出世の道を歩んでいくごく限られた人を除き、ほとんどの人たちは何らかの「挫折」を味わうものです。その時、気持ちを切り替えて、前向きにその先の人生プランを練り直すことができるかどうかです。私は、この「45歳転換期」をチャンスと受け止め、立ち止まって「人生設計図」を描き直してみることを勧めています。

自分が望む仕事とは違う道が会社から用意された場合には、むしろ「天命」と受けとめる前向きさが大切です。自分のことは意外と自分では分かっていないもので、職場の周囲の人間や会社の人事部、あるいは家族などの方が、あなたの適性や強みを見抜いている場合も多いものです。

そして新しく与えられた仕事は、実はあなたに合っている仕事だと受け止めてみるのです。落胆する気持ちになることもあるでしょう。でも、おそらく仕事の内容は変わりません。ならば前向きに受け止め、取り組んだ方が間違いなくプラスになります。

ショックを伴う転換期が来た時に、今後の人生をどう設計するかはあなた次第です。ぜひ「ピンチはチャンス」と前向きに受け止めて、自分をどう変えるのか、その先の人生をどう描き直すのか、と考えてみてください。

何を「専門」の武器にするか～モデルのすすめ

では、「45歳転換期」になって、具体的にはどんな時間の使い方をすればよいのでしょうか？　おそらく入社以来、あまり多くのことを考えずに「会社第一」「仕事第一」で過ごしてきた人が多いのではないかと思います。

私自身も、入社してすぐの時期は何と言っても仕事を覚えることが第一で、先輩の背中を見ながら仕事最優先の生活を送っていました。

やがて後輩が入社してきて、業務の指導に当たったり、そのうち役職が付いて部下ができたりすると、ますます仕事にのめり込む人が多くなります。責任ある立場で仕事をすれば、「仕事第一の生活」が当たり前のようになるでしょう。

そうして走り続けてきた途上で、突然の挫折などの転換期が訪れた際に、私たちは初めて人生の中での「時間の使い方」に思いを馳《は》せることができるのです。では、どうすればいいか？

私が勧めているのが、「自分がモデルとして真似したい」と思う人を見つけることです。

それは社内の身近な上司や先輩のこともあります。あるいは、世の中で活躍している事業家や有名人のこともあるでしょう。

私の場合は、ビジネス書が大好きで毎日読んでいたこともあり、本の中から「人生の設計図」のヒントを見つけることが多くありました。

例えば、元マッキンゼー日本支社長の大前研一《おおまえけんいち》氏は多くのビジネス書を書いていますが、その中で、多忙なスケジュールの中で、まず休暇の日程を優先して最初に決め、空いた日程に仕事を入れるようにスケジュールを組む、と自らの「時間術」を紹介しています。

こうした仕事の入れ方をするので、趣味の旅行、スキー、バイクなどをする気分転換の時間が確保できて仕事の生産性も上がる、というのです（『遊ぶ奴ほどよくデキる！』（大前研一著・小学館文庫）参照）。

すべて同じようにできるわけではありませんが、「学ぶは真似ぶ」と言うように、自分が目指すモデルとなる人の「時間の使い方」を真似ることから始めると、自分の意図で人生を再設計しやすくなります。

「45歳転換期」に、会社第一だった時間の使い方を、ずっと先の人生まで展望して、専門性を磨く方向へ切り替えるには、「モデルとなる人の真似をしてみる」のがよい方法です。

人間はすべて全く同じ状況に置かれているわけではないため、モデルとして真似る人は、できれば複数の人を見つけ、それぞれの人の生き方について、「いいとこ取り」をするように真似るのが有効です。

当然ですが、いくらモデルにしたい人でもそっくりそのまま真似ることは難しいものです。柔軟性を持って、一部のいいところだけを取り入れて真似る、それを複数の人から学んで、独自の「時間術」を組み立てるというのがお勧めの方法です。

もう1つ、「45歳からの時間術」で大切なことがあります。それは、自分が好きなこと、得意なことに関連した「専門」を絞り込んで磨いていくことです。それは、必ずしもこれまで手掛けてきた仕事にダイレクトに関係するものではないかも知れません。

ただ、あなたの人生のどこかで、生き生きと行動したり、夢中になって取り組んだりした経験があるものでしょう。それをぜひ、改めて今後の人生を考えるときに思い出して欲しいのです。

人生100年時代は、「定年後」の人生が長いので、ずっと続けていけることで、しかも報酬を得られる「専門性」を身につけることが大切です。それが「長く働き続ける」ベースになります。

好きなことであれば継続できますし、そこに時間を投入して「趣味」から「専門家」のレベルへ上げていくことを考えてみましょう。

私の場合は、新入社員の頃に出会った銀行の先輩の影響で本を毎日読むようになり、自らの興味関心でビジネス書にのめり込んでいきました。いくつかの会社で人事や研修の仕事を経験する過程で、「人に教える」「伝える」というスキルを磨くことにもなりました。

また、大学生時代は新聞記者を目指すほど「書く」ことが好きだったことを思い出し、ずっと後になってから、ブログで情報発信する面白さに出会ったのです。

スタンフォード大学大学院のクランボルツ教授が提唱した「プランド・ハップンスタンス・セオリー」にもある通り、人生における偶然の出会いがあなたのキャリアや専門性を作っていくのです。クランボルツ教授が書いた『その幸運は偶然ではないんです！』（ダイヤモンド社）には、米国で偶然の出会いによってキャリア形成をしてきた人の事例が数多く出ていて参考になります。

初めから「理想の人生設計」が見えていて、その通りに進む人は成功者でもあまりいません。思いもかけない形で成功に辿《たど》り着いた人が殆《ほとん》どなのです。

私は、45歳前後で多くの会社員が経験する「挫折」や「転換期」は、偶然の出会いの大きなチャンスだと思っています。一見、ピンチのように見える出来事が、実は神様が自分を試しているのであって、ほんとうはチャンスなのではないか、と思うのです。

55歳の「役職定年」は最大のチャンス到来

45歳の転換期で何となく会社におけるあなたのゴールが見えていたと思うのですが、それが現実となって表れるのが、55歳の「役職定年」です。実に多くの会社員の方々から「役職定年」を迎えた時のショックについての話を聞きました。

まず年収が大きくダウンします。多くの人は、ラインの役職から外れるので役職手当(部長手当や課長手当など)がなくなる、という程度のイメージしか持っていないため、2割から3割、あるいはそれ以上の大幅カットにショックを受ける人が大半です。

お金の面だけであればまだ割り切ることもできるでしょう。でも、さらに落ち込むのは部下がいなくなり、何でも自分でしなければいけない立場に置かれることです。コピー取りから始まり、エクセルなどでの資料作成、社内の報告文書の作成、交通費の精算も、今まで部下に指示してやらせていたものを、すべて自分自身で行うことになるのです。

部下に指示だけをしていた管理職の期間が長い人ほど、なかなか現実が受け入れられず、自分の手が動きません。とくにグループ会社に出向したり、他社との共同事業に参画したりするなど、いわゆる「外の釜《かま》の飯」を食ったことのない、社内だけの管理職経験が長い人ほど、新しい立場に適応できないのです。

では、55歳になって「役職定年」を迎えた人は、どのような心構えで、どんな時間の使い方をすれば、今後の人生にとってプラスになるでしょうか？

私は多くの悩める「役職定年」を迎えた会社員を、「定年後人生に向けた予行演習」を実践するチャンス到来、落ち込んでいる場合ではない、と励ますようにしています。

現役のライン管理職に比べ「役職定年」を迎えた人の一番違うところは何だと思いますか？

年収のダウンや部下がいなくなるなどもありますが、実は「自由に使える時間」が飛躍的に増えることです。「自由に使える」と言っても、もちろん会社の仕事という範疇《はんちゅう》の中での話です。ただ、少なくとも部下の管理・指導やチームの責任者としての業務はなくなるわけですので、自らの創意工夫によって、多くの時間を生み出すことが可能です。

その時間を、自分の60歳および65歳以降の仕事にプラスになるように使い、かつ会社にも評価されるようにすればいいのです。そんな都合のいい「時間の使い方」があるのか、とあなたは思うかも知れません。でも、あるのです。

私が勧めているのが、あなたが最も好きで得意だと感じている「専門性」に磨きをかけて「集大成」と言えるオリジナルなものを作り上げることです。

先に紹介した大手食品メーカーで社員教育の仕事に転換して研修スキルを磨いた山崎氏のように、「サラリーマンとしての枠」を超えるくらいの付加価値を付けて、会社に貢献すればいいのです。

会社にとっては、55歳まで経験を積んできたあなたの業務知識、経験、スキルは貴重な財産で、できれば部下や後輩に伝承して欲しいと望んでいます。

しかしながら、ラインの管理職を外された「役職定年」の立場では、会社が仕事としてあなたに後輩指導を求めることは少ないでしょう。そこで、あなたがいかに自発的に、自分の知識、経験、スキルを整理して、さらに外部から学んだものを加えて、オリジナルな集大成といえる成果物を作り上げるか、ということがポイントになります。

私は、できれば「業務マニュアル」とか、「専門用語の解説集」のような、会社の業務で実践的に使える形で、且つ客観的に見て学べるようなコンテンツを作り上げることを勧めています。

そして更に、自主的な「勉強会」とか、「研修会」のようなアウトプットの場を会社に提案して、あなたから後輩やかつての部下（今は上司かも知れません）に伝承する場を設けると、より効果があります。

「効果」というのは2つの意味での「効果」です。1つは会社から評価される可能性が高い、ということ。会社への貢献です。

もう1つが、あなたの今後の人生にとっての「効果」です。アウトプットをするということは、あなたのノウハウを整理してまとめることなので、成果物を作り上げた時点ですでに大きな「効果」があるわけです。さらにそれを人に伝えたり、教えたりすることで、様々なフィードバックをもらえて、コンテンツをよりブラッシュアップできるのです。

どのように伝えればより分かってもらえるかを学ぶこともできます。そして改善を重ねていくことで、ますますあなたが作り上げた「業務マニュアル」や「専門用語集」などは、独自のコンテンツとして研ぎ澄まされていくでしょう。

加えて、この「教える」という経験が、あなたの60歳以降、65歳以降の仕事に活《い》きてきます。この点については次にもう少し詳しく見ていきますが、とくに65歳以降の「やりがいある仕事」として、あなたの「専門性」を武器にした「教える」仕事は、成功する確率の高い、有力な仕事の候補になるでしょう。

定年再雇用や雇われる働き方を選ぶ場合でも、このスキルは「長く働き続ける」ための大きな武器になるのです。

「教えること」「伝えること」の価値に気づく

１９９０年代初めのバブル経済崩壊以降、日本は完全に「成熟社会」となって成長しなくなり、「失われた20年」、最近では「失われた30年」と言われつつあります。

成長しなくなった日本企業は、年功序列の賃金制度に代わって成果主義の人事制度を導入し、職場の人間関係が非常に難しい環境になりました。

皆で給料が上がるという時代ではなくなったので、職場の同僚はライバルになり、成果の上がらない社員は上司から厳しいパワハラを受けるなど、「うつ病」になる社員も急増しています。

もしあなたが高度経済成長の頃の会社で働いた経験のある世代ならば、職場の雰囲気が大きく変化したことを実感できるでしょう。

さて、成果主義の人事制度が導入されて以降、何が職場において「最も大きな変化」となったのでしょうか？

それは「教える」という時間が極端に少なくなっていることです。それは何故か？　いくつかの理由がありますが、主なものは以下の4つです。

1. 上司自らが数値目標を持つプレーイング・マネージャーとなり指導に時間を取れない
2. 成果主義は客観性を重視するので「数値実績」に重点があり、教育・指導などの活動が評価されにくい
3. 下手に後輩に教えて成果を上げると、相対的に自分の評価が下がり、却ってマイナスになる
4. 出来ない人を批判することで自分の会社への忠誠心をアピールすることに熱心な人が増えて、教えるどころかむしろ足を引っ張る傾向が拡がっている

こうしたことが多くの職場で見られるのが成果主義人事制度の弊害です。年功序列が今の変化の激しい時代にそぐわないのは事実ですが、そうかと言って成果主義一辺倒では職

場の雰囲気が悪くなる一方です。うつ病で戦線を離脱する社員が増え、新入社員・若手社員の離職率は下げ止まらないのです。

こうした職場環境なので、ラインを外れて、もはや出世や人事評価に興味も利害関係もない「役職定年」となった55歳以上のベテラン社員には、「教える」という領域で、大いに出番があります。

例えば、営業のベテランであれば、お客様との信頼関係を構築する方法や、セールスの進め方を「営業マニュアル」などにまとめることで、会社に貢献できます。

場合によっては、上司に代わって同行営業をしながらＯＪＴで若手に営業指導ができるかも知れません。あまり成果を出し過ぎると、現在の上司に嫌われる可能性はありますが。

また、勝てるプレゼンのコツなどを整理してまとめれば、実際に若手社員がプレゼンをする時の参考になり、成果が上がるかも知れません。

このように「役職定年」までの長い期間、会社で仕事をして身につけてきた知識・経験・スキルをノウハウという形にしてアウトプットし、教えたり伝えたりすることの価値に気づいて欲しいと思います。

55歳で「役職定年」となると会社から距離を置いて、ひっそりと窓際で仕事をする印象を持っている会社員が多いのですが、余っている業務時間をどのように活用するかは、あなた次第なのです。

私が強く勧めているのは、「教える」「伝える」ことの価値に気づいて、それを会社にも提案し、実践していくことです。

これは大きく2つのステップから成り立っています。1つめがコンテンツ作り。あなたが30年以上かけて会社の業務で身につけてきた専門的な知識・経験・スキルを客観的に誰が見ても学べるような成果物としてまとめ上げることです。

2つめのステップが、あなたが自ら後輩や元部下に「教える」「伝える」ということです。自主的な勉強会でもいいですし、会社公認の公式の研修会なら会社からの評価にも直結するので、なおよいでしょう。

この「教える」という行為は、将来、あなたの講師としての経験・スキルを磨くことになるかも知れません。60歳定年後や65歳定年再雇用の終了後に、あなたが手がける有力な仕事として、「専門性を磨いたコンテンツで講師をする」という選択肢が加わります。

現役会社員という立場の間に、給料をもらいながら、社員を練習台として講師の予行演習ができるようなものです。しかも、会社や後輩などから喜ばれ、評価されます。

会社のニーズと、あなたの将来の仕事の準備とがうまくマッチするには、何と言っても、どんな「専門性」を磨いてコンテンツ作りをするかにかかっています。①長く蓄積してきた専門性、②好きなこと、③会社や世の中のニーズがあることの3つがポイントです。

65歳からも働くために「大切な3つのこと」

これまで「45歳転換期」および「55歳役職定年」の際に、どのような時間の使い方をして、「65歳の壁」や「75歳の壁」に備えればよいか、について述べてきました。

ここでは、いよいよ「65歳の壁」を超えて働き続けるには、何が大切なのかを見ていきましょう。あなたは、65歳からの仕事について、何が最も大切だと思いますか？

現在の日本の会社の定年制度では、60歳定年退職、5年間の定年再雇用（1年毎更新）で最長65歳にて雇用終了となるのが原則です。ほとんどの定年退職者は65歳以降、同じ会社で働くことは難しくなっています。

本書の第1章で、60歳定年時の「4つの選択肢」の中で、約8割の会社員が選ぶ「定年再雇用」が必ずしもリスクが低いとは限らないと述べた理由はここにあります。現在の年金事情や経済環境では、65歳以降も仕事をしたい会社員が多く、しかしながら65歳になった時に困ってしまうのです。

私の結論は、その先の人生で健康面や体力面の衰えも展望すれば、フルタイムで通勤の負担もある「雇われる働き方」ではない、「雇われない働き方」に、いかにスムーズに移行するかを考えるべきだ、ということです。

60歳定年まで会社員として働けば、厚生年金を確保できます。その上で、定年再雇用をどうするかは、人それぞれが置かれた環境によって変わってきます。

例えば、退職金の金額、それまでに貯めた預貯金の残高、子どもの教育費、住宅ローン支払額など経済面や、再雇用の条件などにもよるでしょう。

ただ私としては、60歳になれば1年でも早く「雇われない働き方」に移行した方が、事業が軌道に乗って65歳以降のキャリアプランが描きやすいと考えています。

私のケースのように転職を繰り返している会社員の場合は、60歳まで勤務しても退職金があまり期待できず、年金受給額を考慮しながら、定年前の50歳代後半で「雇われない働き方」に移行することを考えるのも1つの選択ではないかと思います。

では、60歳定年時に「4つの選択肢」のどれを選んだとしても、65歳以降も働き続けるために大切なことは何でしょうか？　以下の3つがポイントになると考えます。

1.「人の役に立つ専門性」を磨き上げ、長く続けられる好きなことをする
2.変化する社会のニーズに対応できるよう学び続ける
3.健康・体力を維持するための生活習慣を確立する

この中で1番目の「専門性」を磨くことについては、先ほど述べたように、45歳転換期に方向を定め、55歳役職定年になったら、実践して予行演習を始めることで、「人の役に立つ」専門的なコンテンツを作ることが有効な戦略です。

「雇われない働き方」を起業と捉《とら》えると、ハードルが高いと感じる方もいると思います。ただ、私が想定しているのは、スモールビジネスの起業で、個人事業者として活動するとか、会社組織にする場合でも、1人会社やせいぜい夫婦で経営するファミリーカンパニーの規模です。

従業員を何人も雇う、借金をしてオフィスを構えるなどの大きな初期投資をする本格的な起業とは異なります。定年後の起業はできるだけリスクを取らず、縮小や撤退などの方

向転換もしやすいスモールビジネスが向いているのです。

税理士で自ら小規模会社を経営する山本憲明《やまもとのりあき》氏は『社員ゼロ！会社は「１人」で経営しなさい』（明日香出版社）という著書の中で、「これからの時代に合うのは〝１人経営〟です。」と述べていて「１人の会社」を推奨しています。

私も同じ意見で、とくに定年後の起業は「１人経営」の規模で行うのがいいと思っています。

これは「人を雇わない」、「人から雇われない」働き方で、最もリスクもストレスもない働き方なのではないかと思うのです。

２つ目として、65歳以降も働き続けるには、事業の内容を社会の変化に対応して、進化させていく必要があります。現代は情報社会で、変動の激しい時代なので、世の中の変化するニーズにつねに対応できるよう、学び続けることが大切です。

様々なインプットを怠らず、ビジネスモデルやコンテンツのブラッシュアップを心がけましょう。

最後に３つ目に大切なこととして、健康・体力を維持する生活習慣を確立することです。健康面の詳細は第５章に譲りますが、「働き続ける」という観点からは、無理のない「時間の使い方」をすることが重要です。

そのためには会社員のような通勤ラッシュの負担や、フルタイムでの時間拘束を避ける働き方をお勧めします。「雇われない働き方」というのは、そういう意味でも有利です。ストレスのない、好きなことで起業することもポイントです。繰り返しになりますが、「継続すること」が事業を失敗させない最重要のポイントなのです。

「人の役に立つ専門性」の見つけ方

それでは、65歳以降も働き続けるために大切な「3つのポイント」について、どのように時間を使って準備をすればよいのか、以下1つずつ順に見ていきましょう。

「65歳の壁」を超えて働き続けるために大切なことの1番目として挙げた「人の役に立つ専門性」を見つけるには、どのような時間の使い方をすればよいのでしょうか？

まず、あなたは「人生100年時代」ということを意識して、65歳以降の人生が35年間もあることを考えたことがありますか？　私は「人生を俯瞰《ふかん》する」ことを勧めています。

とくに大きな「挫折」を経験して、立ち止まって人生を考え直す場面になった時です。どうしても目の前の悔しさや困難に目が向いてしまうものです。しかし、そんな時こそ、

「人生は長い」ということに目を向け、人生全体を上から見下ろすように「俯瞰する」ことが大切です。

そのためには、２５０万年前の人類の歴史に思いを馳せることも効果的です。２０１６年に日本でも翻訳書が出版されたユヴァル・ノア・ハラリ著『サピエンス全史（上）（下）』（河出書房新社）を読むと、人類の幸福とは何かを考え、改めて自分の人生全体を客観的に見ることができるようになります。

また、大自然の中に身を置くことで、自らがほんの小さな存在だと気づき、自分の人生全体を客観的に見直してみる気持ちになるので、ぜひ勧めたいと思います。

私の場合は、２００７年９月、48歳の時に、アメリカのアリゾナ州セドナというネイティブ・アメリカンの聖地を訪れて、１億年前に海底が隆起して出来たという大自然を前に、自らの人生を改めて見直す体験をしました。

あなたにとって、人類の歴史を振り返ったり、大自然の偉大さを感じたり、あるいは宇宙の大きさを実感したりする場所に行くことで、改めて自分の人生を見つめ直すきっかけの時間を持つことはとても意義あることだと思います。

日々の仕事で忙しく過ごしている時には、なかなか大きく考えたり、長期的な視野で考えたりできないものです。どこかで立ち止まって考える機会を持ちましょう。

さて、「人の役に立つ専門性」ですが、次の3つを組み合わせることを勧めています。

1. これまでの仕事をベースにする
2. 自分が好きで長く続けたいことを前面に出す
3. 世の中のニーズに対応して進化し続ける、学び続ける

あなたが仕事として、少なくとも10年続けて取り組んできたことは、人に伝える価値を持っていると私は思います。いくつかの仕事を手掛けた経験のある方は、自分が最もワクワクする専門性を選ぶのがいいでしょう。

そこをベースにしながら、あなたが好きなこと、得意なことを組み合わせて、「あなたならでは」の独自性を創り上げるのです。「長く続けたい」と思うものであることがポイントです。

その時に、「65歳以降」もイメージして、自分がずっと続けていきたい、発信をしてい

きたいという要素を加えるのです。

　これまで多くの会社員の方々のキャリア転換をお手伝いしてきて感じるのは、「好きなこと」、「得意なこと」は、会社に入ってからだけでなく、むしろ学生時代とか、その前の幼少期から「好きだった」というものを見つけ出しているケースが多い、ということです。

　そうした「好きなこと」を改めて発見するコツは、これまでの人生で、自分が最も時間やお金を使ってきたことは何だろう、と振り返ってみることです。とくに時間の使い方に注目してください。

　それから「情熱」です。何をしている時が最も情熱を傾け、ワクワクしていたかを思い出してみましょう。

　もう１つ、ヒントになるのが、周囲の人から「あなたについて」言われた感想です。「○○が向いている」とか、「○○が得意だね」という、あなたに向けられた感想で、思いもかけないビジネスのヒントや方向が出てくることがあります。

　キーワードは「ずっと続けていきたい」こと。ぜひ、あなたのオリジナリティあふれるユニークな組み合わせを考えてください。

　ここでよく受ける質問を紹介しておきます。

「自分の仕事は平凡なもので、誰にでもできるものです。もっとプロとして一流の人がたくさんいるので、これがビジネスになるとは思わないのですが、大丈夫でしょうか？」

私の答えは決まっています。「超一流のトップから学びたい人の数はむしろ少なく、世の中には初心者の数が最も多い。そういう人たちは、自分の一歩先を歩んでいる、身近なあなたから学びたいものです」ということ。

ぜひ、自信を持って発信を続けてください。

変化する社会のニーズに対応するには？

「65歳の壁」を超えて働き続けるために大切なことの2番目は、「変化する社会のニーズに対応して進化する」ことです。

これはひと言で言えば、「学び続けること」に尽きます。効果的なインプットの方法については、第4章の「情報リテラシー」のところで詳しく述べますが、ここでは、社会の変化について学ぶため、どのような時間の使い方をしたらよいか、という「時間術」に絞ってお伝えします。

まず大切なことは、先に述べた「65歳以降も続けていきたいこと」に関するテーマや、そこに関連する情報を絞り込んでアンテナを張ることです。

私の場合は、毎日1冊ビジネス書を読んで、それを書評という形でブログにアウトプットしているのですが、絞り込んだテーマ、トピックについて、毎日情報を取ることが重要です。

私のブログには、「経営・ファイナンス」「転職・キャリア開発」「プレゼン技術・整理法」「自分が主役の人生・働き方」「英語力・TOEIC」「ITリテラシー」など、全部で「15のコラムテーマ」があります。中には「ハワイ・健康・スピリチュアル」や「珈琲《コーヒー》&カフェ」など、柔らかめの趣味に近いテーマもあります。

これらの興味・関心あるテーマ一覧が、私の頭の中味になっているのです。おそらく全く同じ組み合わせで情報収集やアウトプットを毎日行っている人はいないと思いますので、このテーマ設定が、私オリジナルのコンテンツ作成の源泉になっているのです。

これらの情報を集め、分析・整理して、社会のニーズをつかみ、そこへ向けて情報発信などのアウトプットを毎日、行っていくわけですが、どんなタイムスケジュールで行ってきたか、私の例でお話しします。

毎日のスケジュールでは、以下の通り進めるのを原則にしています。

1. 朝一番の頭がクリアな時にアウトプットを集中的に行う
2. インプットは朝食後のコーヒータイムに読書、その後空き時間に随時行う
3. 情報の整理・分析は、移動中や休憩のリラックスタイムに自由な発想を巡らしながら行う

ポイントは、「1日のうちのいつどこでどういう作業を行うのが効率的か」ということです。

よく言われることですが、それは「脳の疲労」と関係があって、やはり十分な睡眠を取って目覚めたばかりの朝一番が、最も脳が活発に働いてクリエイティブな活動に向いています。

ブログでアウトプットしたり、コンテンツを製作したりする時間をこのタイミングで取るのが効率も良く、成果物の質も高くなるのです。

インプットに関しては、人それぞれでいろいろなタイミングを工夫しています。私がこれまでに交流してきた方々でも千差万別で、眠る前の読書が日課の人もいれば、午前中に

集中してインプットする人もいます。

私の場合は、朝食後と昼食後に飲むコーヒーを楽しみの習慣としていて、そこにコーヒーと相性のいい「大好きな読書タイム」をくっつけています。

それと出張などの移動時にはまとまった自由時間が取れるので、とくに飛行機と新幹線では大量にインプットをします。バスだけは、ものを読むと車酔いをしてしまうため、もっぱら思索の時間に充てています。実は、バスはひらめきに最適な場所なのです。

情報を整理したり、新たな発想を思いついたりするタイミングとして、３Ｂというのがよく知られています。聞いたことはありますか？

３Ｂとは、「Bathroom」「Bedroom」「Bus」の３つのＢが付く場所です。浴室、寝室、バスの中で、アイデアを思いつくことが多い、というのです。私もこの３箇所は、実際によく新たな発想が出てくる場所です。

さらに、これに Bar（酒場）を加えて４Ｂと呼ばれることもあります。

新しいアイデアを思いつくことに関しては、いろいろな説がありますが、副交感神経が優位になるリラックスしている時というのは確かなようです。机の前でアイデアを絞り出すのではなく、様々なインプットをした後は、それらを一定時間寝かせて忘れ、熟成したタイミングでリラックスした時間を持つようにしてみてください。

変化する世の中のニーズを捉えて、それに対応するアイデアや発想を見つけるには、いつも自分が持つテーマにアクセスして情報を集める一方で、ある時はそれを忘れてリラックスする時間を持つことがポイントになるのです。

健康と体力を維持するための生活習慣を

「65歳の壁」を超えて働き続けるために大切なこと、その3番目は、「健康と体力を維持するための生活習慣」を確立することです。

定年後の「健康」に対する不安をいかに解消していくかについて、詳細は第5章で説明して行きますが、ここでは定年を迎える前の40~50歳代での「時間術」の観点から述べてみます。

1人当たり医療費のデータから見ると、70歳代から急に増え始め、とくに75歳の後期高齢者に達する年齢で急増していきます。ただし、これはあくまでも平均値の話で、実は個人差が非常に大きいのです。

65歳以降も元気に働き続けるための基本は「健康と体力」の維持ですが、これを決めるのは、多くの専門家が指摘するように40～50歳代の生活習慣になります。

あなたの周りでも、学生時代からスポーツマンで体力もあり、身体が大きくて丈夫だった人が意外と若くして亡くなったり、体調を崩して長期に入院したりしているという例はないでしょうか？

高齢になってからの健康や体力は、見た目の丈夫さとは関係がありません。むしろ体格のいいガッチリしたタイプよりも、痩《や》せ型で何となく弱々しく見える人の方が、無理をしない生活習慣が身についていて、健康で長生きしたりするものです。

では、40～50歳代の生活習慣として、何が大事なのでしょうか？　あなたの周りに65歳を超えて、70歳代でも元気に仕事をしている人がいれば、その人に40～50歳代の時の生活について聞いてみればよく分かります。

私が接してきた、長く経営の第一線で働き続けている人は、例外なく「規則正しい生活」をしています。大半の人は朝型の生活習慣で、早寝早起きです。

これはよく言われていることでもありますが、「無理をしない」ということが大切です。

例えば、ある日だけ徹夜をして無理な仕事をやり終えたとか、生活のリズムが一定せずに、「無理をしたり寝込んだり」といった浮き沈みの激しい日々を過ごすような生活だと、なかなか健康が維持できないのです。

長期的に見ると仕事のパフォーマンスも高くならないので、やはり規則正しい生活のリズムと安定した仕事の進め方が重要になります。

そうした生活習慣を基盤にしながら、精神面、つまり気持ちや「心」の問題として、次の2点が、健康や体力の維持に重要だと私は考えています。

1．未来に向けた目標を持ち、つねに緊張感を保っていること
2．1日を振り返り、その日の良かったことを具体的に思い出しながら、未来に向けた目標を確認する「1人で思索する時間」を毎日どこかで持つこと

「病は気から」という言葉が昔から言い伝えられていますが、つねに緊張感を保っている人は病気になりにくいそうです。過度な緊張はストレスとなってマイナスですが、前向きな緊張感は、むしろ無いと体調を崩したりするのです。

第1章で「幸福学」について紹介しましたが、目標を持った人生を送っている人は、それがかなうかどうかにかかわらず、目標に向かっているプロセス自体が「幸せ」を感じる

要素になるのです。

65歳以降、とくに70歳代になっても働き続けるには、この「前向きな緊張感」は必須の要素になります。報酬を得ることが「人の役に立つ」ことの証《あかし》にもなり、緊張感を生むことになります。だから私はボランティア活動ではなく、仕事として活動を続けること、つまり「働き続ける」こと、「稼ぎ続ける」ことを勧めているのです。

次に、毎日「１人で思索する時間」を持つことについてですが、仏教で一般的な「瞑《めい》想《そう》」が最近ブームになっています。マインドフルネスという呼吸法を基本にした研修がグーグルをはじめとするアメリカのトップＩＴ企業の間で普及し注目を集めています。

毎日、ルーティンとして「瞑想」の時間を持つことで、情報過多で混乱しがちな忙しい現代社会において、心の安定を保ち生産性を向上させることができる、という効果が評価されているのです。

65歳以降も健康と体力を維持して働き続けるために、「瞑想」などの形で１日を振り返る「１人で思索する時間」を毎日持つことは、とても有効です。

これは、実際にやってみないと納得できないことかも知れません。でも実行してみると、心と身体はつながっていて、心の安定が身体の健康や体力の維持と密接にかかわっていることが実感できるでしょう。

規則正しい生活習慣の中に、ぜひ「瞑想」などの静かに1日を振り返る時間を盛り込むことをお勧めします。

75歳からシフトチェンジできる働き方とは?

「65歳からも長く働く」ために大切な40〜50歳代の「時間術」について、これまで説明してきました。ただ、健康と体力の維持についても年齢の壁があり、この章の最後に、「75歳の壁」をどのように乗り越えればよいかについて、「時間術」の観点から整理してみます。

これまで述べてきた「規則正しい朝型の生活習慣」や「心の安定や緊張感を保つ瞑想」などを実践してきた人でも、健康・体力面で転機を迎える75歳以降も働き続けるにはコツが必要です。

もちろん70歳代になると健康と体力は個人差が大きく、それは40〜50歳代での生活習慣によることをこれまで説明してきました。60歳代に入ってからでは取り返しがつかない部分があるのです。

ただ、理想的な生活習慣を40～50歳代から確立し実践してきた人でも、75歳前後で「働き方」を変える転換期がやって来ます。

そのタイミングで無理をして、今までと同じペースの働き方を続けてしまうと大きく体調を崩して、そこで働くことを止めねばならなくなるから要注意です。

長く働き続けるためには、「無理をしない働き方」にシフトする必要があり、そのポイントは以下の3つです。

1. 働く「時間」を制限する
2. 働く「場所」を制限する
3. 受け取る「報酬」（＝収入）も制限するが、ゼロにはしない

「75歳の壁」を超えて、長く働き続けるには、この3大原則を守ることが重要で、働き続けることで「孤独」や「健康」の不安も解消できます。

では、1つずつ見ていきましょう。

まず、働く「時間」ですが、思い切って削減することをお勧めします。病気になってか

らやむを得ず仕事を減らす人が多いのですが、出来れば日々、自分の疲労や体力を考えて、徐々に仕事のスケジュールを、ゆとりある形に変えていくのです。

そのためには仕事の優先順位を明確にすることも必要ですし、できれば60歳代の初めから、75歳以降も続けていきたい仕事を意識しておくべきです。

私の場合、最後まで続けたいのが執筆業で、今はビジネス書を書いていますが、今後はブログでビジネス書の書評を続けながら、エッセイや小説なども書いてみたいと考えています。

次に、2つ目の働く「場所」についてですが、これも思い切って自宅から遠くないエリアに制限することが必要でしょう。

大手電機メーカーを皮切りに外資系企業を含む複数の会社に勤務していた井浦康之《いうらやすゆき》氏（90歳）は、42歳で独立して、研修講師や講演の仕事で大手企業や組合関係、商工団体などに引っ張りだこになりました。75歳までは全国を飛び回り、海外にも遺跡めぐりなどで多くの国々を訪問していた、と言います。

しかし70歳代後半より移動を減らし、仕事も外遊も少なくなっていったそうです。

研修講師や講演という仕事は、舞台俳優やコンサートを行う歌手などと同じで、代わりの人が存在せず、決められた日程に穴をあけるわけにはいきません。約束した時間に、約束した場所で必ず、決められたパフォーマンスを実施する必要のある緊張感の高い仕事なのです。

仕事の「時間」や「場所」を制限すれば、当然ながらその分、報酬も減ることになりますが、むしろ自分の方から減らすようにコントロールすることで長く働けることになります。

但し、３つ目になりますが、報酬は減らしてもゼロにしないことが大切です。これは、働き続けることによって、「人の役に立っている」というやりがいと、その証として報酬を得ることによって、「緊張感」を維持するためです。

仕事として活動するから、世の中のニーズ変化も研究し、人の役に立つことができて報酬が得られる、というサイクルを、75歳以降も続けた方が、学び続けられると思うのです。

井浦氏は90歳の現在も、企業研修などの仕事を続けています。

未来の目標に向かって行動し続けることが、健康や若さにつながり、周囲に仲間もできて、脳の活動も活発になるのではないでしょうか。

そうしたことを考えると、やはり大切なのは「好きなこと」を仕事にすることです。それで報酬を得ることができるなら、これ以上の幸せはありません。

以上、述べてきたように、「65歳の壁」と「75歳の壁」を超えて働き続けることができるようにするために、40～50歳代の「時間術」は重要です。

しっかりと「人生１００年時代」における自分の人生の全体像を俯瞰して、「人生の設計図」を描いてください。

第3章　100年人生の「コミュニケーション術」

～「孤独」とは無縁の仲間づくりの秘訣

人生のステージで変化するコミュニティー

「人生100年時代」になって、「定年後」が35年から40年にもわたる長期間となるにあたって、多くの人が「孤独」に対する不安を抱いています。

とくに会社優先で生活して家庭や自分が住む地域を顧みなかったモーレツ社員の場合には、定年を契機として、会社での人間関係が一気になくなってしまうことにショックを受けて「孤独感」に苛《さいな》まれる人が多い、と言います。

それでも今までは、10〜15年くらいの余生を過ごすという感覚で人生を終えていたので何とかなったのですが、これからは定年後の人生が長いため、それでは済まなくなりました。

「人生100年時代」に大切なことは、人生のステージによって自らを取り巻くコミュニティーが変化することを理解し、なるべく連続性が保たれるような人間関係やコミュニティーづくりをしていくことです。

具体的に述べていきましょう。まず、あなたは、社会人になるまでの幼児期から学生時代まで、どんなコミュニティーが生活の中心だったでしょうか？

幼い頃は当然ですが、「家庭」です。親や兄弟とのコミュニケーションがほとんどのところから人生はスタートします。

それが幼稚園（または保育園）、小学校と進むにつれて、徐々に学校での友達（同級生）との関係が増していきます。先生の影響も大きいかも知れません。学年が上がり、中学、高校、大学と進学していくにつれて、親離れも進み、「家庭」のウエイトよりも「学校」のウエイトが大きくなっていくでしょう。

また学校以外のスポーツ活動、習い事などのコミュニティーも加わってきます。そして、受験を控えると「進学塾」が大きな位置を占めてきます。

このように、自分が成長していく過程に合わせて、所属したり影響を受けたりするコミュニティーが変化してきているのです。とくに大学では、全員が同じ授業を受けるということがなくなり、専攻に分かれて学ぶこと、そもそも講義が登録制でカリキュラムを個人で作っていくことから、コミュニティーや人間関係が多種多様になっていくものです。

それが大きく変化するのが就職して、社会人になったとき。多くの組織では、新入社員として、ここからは会社がコミュニティーの中心となり、１日の半分以上の時間を過ごすことになります。また、会社側も忠誠心を求め、時間拘束が長く厳しくなっていきます。

最初は違和感のあった新入社員たちも、先輩や上司を見ていると、やがてそれが普通の会社員生活という感覚になり、いつしか「会社人間」となっていくのです。あなたにも経験はないでしょうか？

さらに通勤や勤務時間以外の会社関係での活動を含めれば、会社での人間関係というコミュニティーは家庭や趣味などを大きく超えるウエイトを持つ、優先度ナンバーワンのコミュニティーになっていくのです。

つまり、仕事に関する取引先との人間関係まで含めれば、生活のほとんどが会社関係の人間との繋《つな》がりで、それが30年以上も続く、といったことも珍しくないでしょう。

第2章「時間術」のところでも説明しましたが、会社一辺倒のモーレツ社員ほど、コミュニティーが会社に偏り、知り合いも会社関係ばかりという形になりがちなのです。

そこで多くの定年退職者の悩みになるのが、定年を契機にほとんどの人間関係がなくなってしまい、「孤独感」を感じる、ということです。

退職の挨拶《あいさつ》をした時には「いつでも遊びに寄ってください」と社交辞令を受けていても、いざ訪ねて行くと会ってくれなかったり、迷惑がられたりしてショックを受けるのです。

「これまでの関係は、会社の肩書きがあったから成り立っていた人間関係で、それがなくなれば、あなたという人間に用はない」と宣告されているような気持ちに襲われます。実際に、会社のコミュニティーだけに依存して長年生活してきた人は多く、皆同じような思いを定年後に味わい、ショックを受けるのです。

ではどうすればいいか？　私は、会社のコミュニティーのほかに、家庭はもちろん、さらに第3のコミュニティーを意識して作り育てていくことが大切だとアドバイスしています。

家庭を第1の場所、職場（学校）を第2の場所とすると、第3の場所を作って、そのコミュニティーを大切にし、人間関係を拡げ育てていくのです。この居心地のいい第3の場所を「サードプレイス」と呼びます。

会社や仕事だけではない、また家庭とも別の、あなた独自の「サードプレイス」という場を持ち、そこで一定の時間を過ごすライフスタイルを作るのです。

もし「サードプレイス」での人間関係が構築できれば、定年後にすべての繋がりが失われる、ということはなくなります。

コミュニティーの連続性を保つ「サードプレイス」

では、具体的に「サードプレイス」とは、どんなイメージのコミュニティーなのでしょうか？

アメリカの都市社会学者のレイ・オルデンバーグは『THE GREAT GOOD PLACE』～日本語翻訳書『サードプレイス～コミュニティの核になる「とびきり居心地よい場所」』（みすず書房）という著書の中で、「サードプレイスとは、第一の家、第二の職場という場所での役割から解放され、一個人としてくつろげる居心地のいい場所」と定義しています。

具体例として、イギリスのパブやフランスのカフェなどが、地域の文化や国民性が生み出す情報交換・意見交換・活動の拠点として存在していることを挙げています。

シアトル発祥で今や世界中にカフェをチェーン展開するスターバックスが、その店舗コンセプトをこの本からヒントを得て創り上げたと言われています。

同書によれば、産業化・効率化・合理化を進めてきたアメリカ社会とそのための都市計画が人々の孤独を生んでいるとして、都市社会学の観点から第3の場所となる「サードプレイス」の重要性を提唱しています。

日本の企業社会や都市計画も、多くの点でアメリカ社会の影響を受けているため、居酒屋、カフェ、書店や図書館など、地域の人たちが個人で気軽に集まれる「居心地のいい場所」としての「サードプレイス」が求められているのではないでしょうか？

例えば、カフェを併設した「まちの本屋」に読書好きな人たちが定期的に集まって開催する「読書交流会」や、「新しい働き方」をテーマにしたトークショーイベントなどで情報交換・意見交換をするといったコミュニティーが考えられます。

これらはいずれも私が主催しているコミュニティーの例ですが、他にも居酒屋に異業種の人たちが集って雑談会をしたり、図書館を活用して勉強会やセミナーを行ったりして交流するイベントなどもあります。

また、趣味の会やランニング、登山などスポーツ関係のコミュニティー活動も活発に行われています。

こうした「サードプレイス」のコミュニティーに参加して、家や職場とは別の「第3の場所」で人間関係を作っておくことが、定年後にコミュニティーを継続させることに繋がってくるのです。

こういう話をすると、多くの会社員の方々から、2つの反論が出てきます。1つは「そうは言っても仕事が忙しくて時間が無い」というもの。でも、今や働き方改革で生産性をいかに上げていくかが企業の至上命題なので、時間を作り出しやすい環境になるはずです。私は徐々に、生活の時間配分ウエイトを会社から「サードプレイス」へ移していくことを勧めています。

2つ目の反論は「なかなか自分が参加したいコミュニティーが無い」というもの。私の答えは、「だったら自分で主催して作ればいい」ということです。コミュニティーの主催者になるメリットは、「自分が好きなようにコミュニティーを作って、好きな人たちを集めることができること」ですが、実はもっと大きなメリットが他にあります。

それは、コミュニティーの中で最も幅広く深い人間関係が作れるのが「主催者であるあなた」だと言うことです。

コミュニティーを運営するわけですから当然と言えば当然ですが、このメリットはあなたが想像している以上に大きいものです。主催した人にしか分かりません。

デメリットは、主催者は手間が大変だということ。時間や場合によってはお金もかかるし、各種実務や調整で、嫌な思いや苦労をすることもあるかも知れません。

なるべくスムーズに運営するには、まずは自分が主催したいと考えているコンセプトに似たコミュニティーに参加して、そこで運営のサポートをしながらノウハウを学ばせてもらうことです。そこでも人間関係ができるし、将来そのコミュニティーと自分で立ち上げた会とのコラボレーション企画などができるかも知れません。

この「サードプレイス」での活動に時間を割いていくにあたって、留意すべきことが2点あります。

1点目は、定年後に仕事として続けていきたいジャンル、テーマでのコミュニティーを念頭に置いて選ぶことです。とくに主催者として活動する場合は、このあと第4章「情報リテラシー」のところでも説明しますが、ビジネスとしての「情報発信」や「ファンづくり」に関わってくるからです。

参加者として趣味や息抜きのために選ぶコミュニティーならそこまで厳格に考えなくてもいいでしょうが、なるべく複数のコミュニティーに関わることをお勧めします。あなたがコミュニティー同士の繋がりの「ハブ（基軸）」になる、という道も出てきます。

留意すべき2点目は、コミュニケーションの取り方についてです。「コミュニケーション術」は本章のメインテーマですが、多様な価値観を認める姿勢が大切になります。「サードプレイス」は仕事で繋がるコミュニティーではないため、「自分と異なる価値観から学ぶ」という姿勢が大事なのです。この点を次に詳しく見ていきましょう。

コミュニケーションは「聴くこと」が基本

人生100年時代に「孤独」とは無縁の人間関係を作っていくために「サードプレイス」という場で、コミュニティーの連続性を維持していくことが大切だと述べてきました。

ここからは、本章のメインとなる「コミュニケーション術」について説明して行きます。コミュニケーションは家庭や職場でも重要なテーマとして、それだけで1冊の本が書けてしまうものです。ここでは第3の場所、再雇用先、転職先など新たなコミュニティーにおいて、長く継続する人間関係をいかに作っていくかという観点で、コミュニケーションを考えていきます。

コミュニケーションは、次の「3つのステップ」から成り立っています。

1. 相手の話をよく聴き、相手を受け容《い》れる
2. 質問することで相手をよく理解し、信頼関係を作る
3. 自分の思いを相手に伝える

40～50代の会社員となると、自分が所属してきた会社や業界について、様々な専門知識や経験を有していることでしょう。また、会社の内外でもいろいろな人間関係を築いてきていると思います。

そうすると私たちは得てして、自分が経験してきたり、日々行動・処理したりしていることが世の中やビジネスの常識だと思い込んでいるものです。

ところが、普段あなたが接する人たち以外の多くの人にとって、それは常識ではありません。なぜでしょうか？　理由は2つあります。

1つは、あなたが関係している会社や業界には独特の商慣行やビジネスのルールがあるためです。例えば、人材派遣業ではスタッフ（派遣社員）を会社に送り込むときに「面接」というルールはありません。法令上、あくまでも「職場見学」なのです。スキルシートの要件を満たしていれば「選考」はないということです。

でもスタッフ（派遣社員）を受け入れる多くの企業では、「面接」による選考をしたいと考えていて、それが常識だと理解しています。

そのような常識や商慣習は業界によって大きく違い、それが新たなコミュニティーの中でのコミュニケーションに影響を与えます。

つまり、自分が常識としていることは必ずしも常識ではない、世の中には様々な考え方や価値観がある、ということをつねに意識しておく必要があるのです。20～30年も同じ業界、同じ会社で仕事をしてきた40～50歳代の会社員の方はとくにこの点に注意してください。

私は大小の銀行業2社、人材会社、メーカーと計4社で仕事をした経験がありますが、各社の常識はまったく違っていました。それぞれ4社とも違う。聞いたこともない常識に何度も触れて驚かされました。

100人いたら100通りの常識があると考えるくらいでちょうどいいと思うのです。

もう1つの理由は、後ほど詳しく解説しますが、人間は異なる「感情表現」や「思考法」を持っていて、その組み合わせによって「4つのタイプ」に分かれ、それぞれ誰もが「自分が正しい」「他の人も自分と同じはずだ」と思い込んでいることです。

この話を伝えると、「そんな馬鹿な」という第一声が多いのですが、タイプの異なる数名のグループでディスカッションをしてみると、自分が少数派であることを実感できます。

大胆にザックリと結論を言えば、誰もがつねに「4分の1の少数派」なのだ、ということです。それほど、私たち一人ひとりは、「感情表現」と「思考法」にそれぞれクセを持っています。それは長年にわたるもので、自分の感覚がすべてだと思い込みやすいのです。家庭でも職場でも、多くのコミュニケーションの問題は、この「４つのタイプ」の違いから生じるものが殆《ほとん》どと言ってもいいくらいです。

以上、２つの理由から、私たちは新しいコミュニティーに入るときには、まず自分と常識、考え方や価値観が違う相手のことを認めることが最も大切です。

そのために必要なのは、まず徹底的に相手の話を「聴く」ことです。敢えて「聴」の漢字を使っているのは「傾聴する」ということを伝えたいからです。ただ「聞く」のでは聞き流してしまう恐れがあります。

しっかりと話を「聴いて」、自分と異なる考え方や価値観を持つ相手を受け容れるように心がけてください。

まずは「受け容れてもらった」と感じるところから、相手は心を開いて、あなたに本音を話してくれたり、率直に有益な情報を伝えてくれたりする関係ができるのです。

新しいコミュニティーに参加するときに、まずは自分を知ってもらいたいという気持ちから、どうしても自分の話ばかりをしてしまう人が多いものです。

もちろん自分のことを伝えて知ってもらうことも大切なのですが、「話す」と「聴く」

のバランスはつねに念頭に置いて、「聴く」ことにより多くの時間を割く意識を持つようにしましょう。

コミュニケーションで大切な「質問力」と「貢献」

では、新しいコミュニティーで人間関係を作っていく際に大切なコミュニケーションの第2ステップとして、何を行えばいいのでしょうか?

まずは相手の話をよく聴いて、受け容れるということでした。そこから一歩踏み込んで、相手に興味を持ち、深く知ることによって理解し、信頼関係を構築するステージへ進んでいきましょう。

相手との会話をより深めていくときに、大きな武器になるのが「質問力」です。最近は、コンサルティングやコーチングのスキルとして、この「質問力」が注目されることが多くなってきました。

私もコンサルティングの仕事をしているので、日常的に「質問する」スキルについては意識して磨いたりチェックしたりしています。

この「質問力」については、何をどういう順番で質問していけばいいかという、質問の中味に関心を持つ人が多いのですが、まず大切なのは質問をするときの口調や表情、受け答えに対するリアクションなど、会話をする「場の雰囲気」です。

ひと言で言えば、詰問口調になったり、詮索《せんさく》するように受け取られたりしないこと。そうではなくて、「私はあなたに興味を持っている」「あなたのことを詳しく知りたい」ということが伝わるように「質問」を繰り出すことが大切なのです。

これをテクニックとして自然にやれるかと言うと、なかなか難しいのです。私がいつもアドバイスしているのは、「ほんとうに相手に関心を持ちなさい」ということです。人間は、誰でも自分のことに1番関心があり、とくに「自分の損得」に関係があるかどうかという観点で人の話を聞いてしまうものなのです。

それは誰でも意識しなければ当然のことなのですが、コミュニティーで人間関係を作る際には、自分の損得は「長期的な視野」で考えましょう。信頼できる仲間を作るために、相手のことをもっとよく知って、ずっと長く一緒に活動していける人かどうかをお互いに知り合うという意識です。

もともと共通の趣味や興味のあるテーマで集まった仲間ですので、できるだけワクワクした気持ちで明るく接していけばいいでしょう。そのときに、なるべくこちらから相手が話したいだろうと思うことを質問していくのです。

興味を持って明るく、どんどん深く質問していけば、聞かれた方としては悪い気はしないものです。熱心に話を聴いてもらえるだけで、相手はあなたのファンになってしまうかも知れません。そのくらい、コミュニケーションにおいて「質問」と「傾聴」には効果があるものなのです。これは仕事でもまったく同じです。

質問を重ねて、どんどん話が深まって行って弾んできた時に、バランスを考えながら、あなたも少しずつ自己開示をしていくといいでしょう。感覚としては、相手が2話したら、半分の1くらい話すのが、私の経験上、最も好印象になると思います。

コミュニケーションのステップとして、まず第1に「聴く」ことで相手を受け容れる、第2に「質問」をして相手を理解し、信頼関係を作っていく、という手順を説明してきました。

そして最終の第3ステップとして、こちらから相手に何かを「伝える」という目的があります。コミュニティーで一緒に活動していくための仲間として、長く続く人間関係を作っていくということです。

ここまでの会話の中で、何となく相性が良さそうだ、長く付き合っていきたい人だという感覚については、お互いにそれぞれ感じる印象があると思います。それを実際に一歩、前に進める方法として、私は「相手にどう貢献できるか」という点について、相手に伝えていくのがいいのではないかと考えています。

まず、見返りを求めない「貢献」ができるかどうか。とくに自分の好きな分野、得意な分野で相手に何か「与える」ことはできないかと考えてみるのです。

自分の力でできないことなら、それができる人を紹介してあげる、というのでもほんとうに喜ばれます。フリーで仕事をしている人は、誰もが感じていると思うのですが、仕事の大半は人間関係がもたらしてくれるものです。

コミュニケーションの最終ステップで相手に「伝える」ことは、「私はあなたに貢献したい。何か私にできることはないでしょうか？」という、あなたの気持ちです。どういう言葉や態度で伝えるかは、あなたの個性や相手との距離感によって違ってくるでしょう。

ビジネス経験を豊富に積んだ40～50歳代の会社員や定年後の方なら、貢献できることは数多くあるのではないでしょうか。

貢献するには相手のことをよく知らなければできません。その前段階で相手に関心を持って「聴く」、「質問」して理解する、というステップが大事なのです。

ここまでがコミュニケーションの原則ですが、次に、先程述べた「4つのタイプ」について詳しく説明することにしましょう。

コミュニケーションは「4つのタイプ」の違いがポイント

職場での人間関係やコミュニケーションの悩みは、「感情表現」や「思考法」の違いからくるものが多いと言われています。いわゆる「性格の違い」と呼ばれるものですが、カウンセリングやコーチングでよく使われているのが、「4つのタイプ」に分けて、それぞれの人の感じ方や行動パターンをタイプ別に見ていくものです。

世の中にはいろいろな分類法があるのですが、ここでは多くの企業で使われ、私が行うコンサルティングや研修でも紹介している分類法を2種類、説明します。

最初の分類法は、「GATHER」というツールで、『人間関係に必要な知恵はすべて類人猿に学んだ』（夜間飛行）という本に紹介されています。

「GATHER」とは、「Great Apes Teach Human Eternal Relationships」の各単語の頭文字をつなげたもので、書籍タイトルの通り、「類人猿が人間関係を教えてくれる」という意味です。

人間の性格を、「自分の感情を、表に出す／出さない」という分類を横軸に、「あなたが大切にしているものが、成果を上げること／安定・安心を維持すること」という分類を横軸にして、4つのタイプに分類します。

それを類人猿の生態になぞらえることで、人間を次の「4つのタイプ」に分けます。

1. オランウータン（感情出さない／成果重視）職人気質のこだわり屋
2. ゴリラ（感情出さない／安定・安心重視）平和主義の安定志向
3. チンパンジー（感情出す／成果重視）勝ち負け重視の積極派
4. ボノボ（感情出す／安定・安心重視）空気が読める話好き

この分類は極めてシンプルですが、「感情表出の有無」と「成果か安定か」という2軸で、感受性や行動パターンが人それぞれでどのように異なるのか、自分はどのタイプに近いのかがよく分かります。

また自分の身近な人、例えば家族や職場の上司・部下・同僚がどのタイプなのかがイメージできて、驚くほどよく当たります。

もう1つ、コーチングの分野でよく使われる分類法を紹介しましょう。こちらも2軸を使って、人を「4つのタイプ」に分類する方法で、よく似ています。

これは、「感情表出が高い／低い」を横軸で、「自己主張が強い／弱い」を縦軸で分類してマトリックスにし、「4つのタイプ」に分類する方法です。実際には複数の質問項目に答えてそれを点数化するのですが、簡易的にはこの2軸で分類します。

詳しくは、株式会社コーチ・エィの鈴木《すずき》義幸《よしゆき》氏が書いた『熱いビジネスチームをつくる4つのタイプ　コーチングから生まれた』（ディスカヴァー・トゥエンティワン）を参照してください。分類タイプは以下の4つです。

1. コントローラー（感情表出低い／自己主張強い）人も場も支配するリーダー
2. アナライザー（感情表出低い／自己主張弱い）冷静沈着で慎重な分析家
3. プロモーター（感情表出高い／自己主張強い）注目されたいアイデアマン
4. サポーター（感情表出高い／自己主張弱い）人間関係重視の気配りタイプ

この「４つのタイプ」は、どちらの分類法でもほぼ同じような特徴でタイプが分かれていますが、それぞれタイプによって思考法、感じ方、表現の仕方、行動パターンに特徴があって、異なることが分かるでしょう。

つまり、人はそれぞれ「タイプ」によって、大切にしているものが違うし、それを表現する方法（表現するかどうかも含めて）も異なるのです。ひと言で言えば「価値観が違う」ということです。

ここで大事なことは、人は誰でも「自分の感じ方、考え方、価値観がつねに正しい」、「他の人も自分と同じはず」と思い込んでしまうのですが、実は、「自分はつねに４分の１の少数派である」という事実です。

むしろ自分とは考え方や行動パターンが違うタイプの人の方が多く、「分かり合えないのが当たり前」と思ってコミュニケーションを取った方がうまくいくのです。

自分と違うタイプの人間の方が多いのだと分かると、例えば仕事で、自分とは異なる進め方や考え方を許容できるようになります。また、自分とは違う他人の言動を許せるようになるのです。

円滑なコミュニケーションや質の高いチームワークを構築していく上で、この「４つのタイプ」の存在を認め、許容することが大切です。

あなたがコミュニティーの中で人間関係を作って仲間を増やしていく際に、これはとても重要なポイントです。

コミュニケーション「3ステップ」の極意

コミュニケーションの原則として、第1ステップでまず相手の話をよく「聴く」、第2ステップとして「質問力」を駆使して相手を理解する、ということでした。

そして、第3ステップが、相手にあなたの思いを「伝える」ことになりますが、そのときに相手が「4つのタイプ」のどれに当たるのかを考慮して、伝え方を工夫することが大切です。

これまで説明してきた「4つのタイプ」というのは、人間をきっちりと4タイプに分類するということではありません。人は皆、いろいろな面を持っていて、考え方や行動のクセとして、どの傾向を強く持っているかという「程度」の差なのです。あくまでも相対的なものだと理解してください。

でも、その傾向を考慮して伝えるかどうかは重要です。例えば、サポータータイプの人、類人猿で言えばボノボのタイプの人は、基本的に「感情を表に出して言って欲しい」という考え方です。でも自分から推進するというよりは「縁の下の力持ちとして人を支える側に回りたい」という方です。

そういう場合は、「全部任せて企画を引っ張ってもらう」のではなく、「人情に訴えて企画を手伝ってもらいたい」という、あなたの思いを熱く伝えた方がいいでしょう。

また、よくあるコミュニケーションの問題として、感情表出がないタイプ、例えば沈着冷静なアナライザー、類人猿分類ではゴリラタイプは、一見、やる気がないように見えてしまいます。

アイデアマンのプロモーター（類人猿ではチンパンジー）は、自分が出す案に慎重論を唱えられて、やる気を疑ってしまうかも知れません。でもそれは、冷静に分析したりチェックしたりして、何とか出てきた案を、失敗せずに実行したいという強い思いがあるためかも知れないのです。

コミュニケーションというのは、自分と違う意見というのを前提としながら、いかに双方が納得して、より質の高い一致点を見いだしていくかという「お互いを理解し合う過程」だと言えます。

年齢が50代、60代と進んでいくにつれて、考え方、価値観、行動パターンが硬直化して頑固になる、とよく言われます。人生経験が長くなるにつれて、自分のやり方に確信も深まり、自信も出てくるためでしょう。

そこで、定年後に新たなコミュニティーに入って、人間関係を作っていき、仲間を増やし、かつ長くその関係を維持していくためには、自分と違うタイプの存在を認め、許容していく柔軟性が大切なのです。

再度繰り返しますが、「自分はつねに少数派である」という謙虚さが必要です。もっと強く言えば、「意見がぶつかったときは、自分の方が間違っている」と思うくらいでちょうどいいのです。

以上、述べてきた定年後に大切になってくる「コミュニケーション術」を整理すると、次のステップを実践することになります。

1. 第1ステップは、相手の話に興味を持ってよく「聴き」、相手を受け容れる
2. 第2ステップは、「質問力」を駆使して、相手のニーズを理解し、信頼関係を構築する

3．第3ステップは、相手が「4つのタイプ」のどれに当てはまるかを見ながら、相手が受けとめやすい「伝え方」であなたの貢献したいという思いを「伝える」

このようなステップで、新しいコミュニティーの中で、仲間との信頼関係を作り、長く維持していけるようにしましょう。

もともとあなたの好きなことや、得意なこと、あるいは興味・関心があることについてのコミュニティーなので、共通の話題のベースを作ることは難しくないと思います。

それでは次に、コミュニティーの中で、ハブになっている人から、さらに別の関連するコミュニティーへと人間関係を拡げていく方法について述べていくことにしましょう。

コミュニティーを連鎖で拡げる

あなたが所属するコミュニティーでいい人間関係が構築できてくると、その中のハブとなる人間から、さらに別のコミュニティーを紹介してもらうことで、コミュニティーの連鎖が起こってきます。

機械部品メーカーを定年前に退職して、現在は7年間駐在していた時に出会ったインドネシアのアンクルンという竹を使った民族楽器とその楽器が奏でる和みや音楽の魅力を伝える仕事をしている杉本聡氏《すぎもとさとし》（57歳・仮名）のケースです。

杉本氏は、早期退職後フリーになって、自宅のある地域から活動を開始していましたが、50〜60代の女性起業家が多いコミュニティーに入って仲間作りをしていました。ある人との人間関係の中から、自宅から少し離れた地域で健康関連の情報発信活動をする女性を紹介され、そちらのコミュニティーにも参加するようになります。

その新しいコミュニティーで出会った30代のカフェ兼ギャラリー経営者との繋がりが出来て、アンクルンの教室がそのカフェ内に立ち上がりました。

そのカフェ経営者もまた様々なネットワークを持っていて、杉本氏はさらに人脈が拡がって行きます。杉本氏に行動力があるという面もありますが、まず相手の話をよく「聴き」、相手を理解してから、自分が貢献できることを考え、うまく「音楽に対する思い」を伝えていくコミュニケーション術の成果でしょう。

杉本氏は、退職してからまだわずかな期間しか経っていませんが、「会社員時代と全く変わって、なぜか自分の周りには50〜60代の元気に活動する女性の仲間がたくさんいる」と目を輝かせています。

これまでの会社関係とはまったく異なるネットワークが、短期間でこれだけ拡がっていったのは、まさにコミュニティーの連鎖によるものです。

杉本氏にそのコツを聞くと、「コミュニティーの中には、主催者以外にも自分と相性のいい『ハブ』になるような方が何人かいて、そういう方と出会ったら、なるべく何度か会ったり、深く話をしたりする機会を持つようにしている」ということです。やはり、キーになる方としっかりとコミュニケーションを取って信頼関係を構築していくことが基本なのです。

それともう1つ重要なことは、複数のコミュニティーに入って活動をしている方は多くて、それぞれのメンバーはかなりの人数が重なっていたりすることです。もともと誰かの紹介でメンバーになったという経緯もありますし、コミュニティーの活動コンセプトが似ているケースも多いためです。

したがって、定年後の「孤独」の不安を抱えている人は多いのですが、まずは一歩を踏み出してみましょう。コミュニティーの中で活動している人たちは、それが連鎖によって次々に拡がっています。一方で何のコミュニティーにも所属していない人は仲間がほとんどいない、という二極化が起こりつつあるのです。

インターネットが登場し、ＳＮＳでの情報発信が活発になってからはその傾向がとくに強くなり、仲間づくりに関しても大きな格差が生まれつつある、と言ってよいでしょう。このＳＮＳなど、情報リテラシーについては、第4章にて詳しく説明します。

次に、自分が所属するコミュニティーとビジネスをどう結び付けていくのかについて考えていきます。起業した人たちの中でよく言われることとして、「異業種交流会に出て、いくらたくさん名刺を集めても何の役にも立たない」ということがあります。

よくあるパターンとして、いきなりコミュニティーに参加して、自分の商品をセールスするだけの人がいます。これはほとんど話を聞いてもらえないでしょう。

不特定多数の、ニーズがあるかどうかも分からない人に、名刺やチラシを配ってセールスしても殆ど効果が無いのは当たり前です。とくにイベントや交流会の場で売り込むことは避けた方がいいでしょう。

先程、コミュニケーション術で説明したように、まずは「相手への貢献」なのです。その上で、お互いにニーズが合う場合に、改めて別の場で会って、提案やセールスという手順で進めなければうまく行きません。

起業して結果を出している人に聞くと、たいていは自分のお客様になる方は、ダイレクトなコミュニティーのメンバーではなくて、そこからの紹介や知り合い、さらにその先の知り合いといったケースが多いそうです。

あくまでも相手のニーズがあることが前提で、ニーズが無い人にいくらたくさん売り込んでも成約することはないでしょう。

こうしたコミュニケーションの原則は、起業するケースに限らず、定年再雇用や転職で働き続けるときにも大切です。また、会社から完全に離れて、地域や趣味のコミュニティーに参加する時にも共通するものです。60歳代以降は考え方や価値観が硬直化して頑固になる、と言われますので、十分に注意しましょう。

75歳以降のコミュニティー変化

コミュニティーは連鎖することで拡がっていくと説明してきましたが、本章の冒頭で述べてきた通り、年齢の節目によって人間関係や仲間との繋がりは変化していくものです。

１つの節目は「定年」というタイミングで、会社を中心とする人間関係が切れてしまいます。そのために、「サードプレイス」を持って、「コミュニティーの連続性」を維持することが大切だと述べてきました。

その後の節目として、75歳前後の年齢でコミュニティーへの参加や繋がりを保っていく仲間について見直す人が多いそうです。主な理由は、健康面や体力面で無理ができないということです。

具体的には、活動する範囲を限定して、移動する距離を短くします。移動にかかる時間や身体への負担は、個人差も大きいのですが、70歳を超えるころから徐々に感じ始めます。

さらに70歳代後半になると、ほとんどの人が何らかの制限を意識するようになり、元気で活発に全国、あるいは海外も含めて飛び回っていた経営者であっても、80歳頃には、移動距離や移動頻度を制限する人がほとんどでしょう。

健康状態や体力に関しては、個人による差が大きいのですが、概《おおむ》ね早い人で70歳、遅い人で80歳という感じで、70歳代の10年間のどこかのタイミングで、活動範囲を見直すことになるようです。

それに伴って、コミュニティーも絞り込む形になり、働き続ける人は、第1章で述べてきた通り、サードキャリアのステージにシフトしていくことになります。

そうすると、住んでいる自宅から近い場所、すなわち地域でのコミュニティーを大切にする人が多くなります。したがって、少し前の60歳代の時点で、地域のコミュニティーにも目を向けて何らかの活動や仲間づくりをしておくのが望ましいでしょう。

第1章で紹介した山崎幸弘氏（79歳）の場合は、70歳の時に1都3県に仕事の範囲を絞り、さらに75歳からは自宅周辺での「健康・長寿・認知症予防」のための活動、情報発信を中心にするようになりました。

79歳となった現在は、メインの活動や人間関係は地域に住む60～70歳代の方々で、共通の関心事ということで、健康・長寿・認知症予防に役立つ情報というテーマで集まる活動をしているそうです。

また、時間の使い方に関しても、第2章で述べた通り、無理のないペースにスローダウンしたり、ある程度定期的にスケジュールを固定したりして、そこに合わせて体調管理をしていくという発想が大切です。

山崎氏の場合は、地域の公民館での「高齢者向けセミナー」などのイベントの日に合わせて、その前後に近くで集まれるような日程の工夫をしています。

それからもう1つのポイントとして、頭と身体を両方使うような活動が、70歳代以降の人には魅力があるようです。

例えば、体操やダンスのようなな身体を動かすイベントとか、音楽も人気があります。頭については、健康に関する情報で、食事における栄養バランスなどは注目度の高いテーマです。

また、頭も手足も動かすという意味では、パソコンのスキルを高めるためのイベントも盛んです。これからは、第4章で述べるＳＮＳなどで情報発信をしたり、新たなネットのサービスを研究したりするものも出てくるでしょう。

そういう意味で、地域の図書館や公民館などの公共施設でのイベント、セミナーなどをうまく活用しながら、地域でのコミュニティーや活動を通した仲間づくりは重要です。

これからの「人生１００年時代」においては、80歳からでも20年の期間があり、地域のコミュニティーは「孤独」の不安を最も確実に解消してくれるものになるはずです。ぜひ、少し前の60歳代から目を向けて欲しいものです。

定年後の充実度を左右する家族関係

定年後の人間関係の中で、とくに「人生１００年時代」で定年後が長くなった現在、最も大切となるのは「家族との関係」です。

とくに夫婦関係は「定年後の充実度」を大きく左右します。これまで一般的に言われてきたのは、女性は早くから地域の人間関係ができていて仲間が多いのに対し、男性は会社一辺倒で地域での仲間がいないというパターン。

そのため、定年後の男性は「孤独」の不安に襲われるのに対して、女性は地域活動が連続しているので、夫婦関係が難しくなります。

夫婦関係は、それまでの長い年月において、仕事や家事、子育てなどの分担をどうしてきたか、まさに人それぞれなので、一律の成功方程式はありません。

ただし、夫婦で一緒に過ごす1日の中での時間は、年齢とともに長くなっていきます。そして70歳代に入り行動範囲が狭くなってくるに従い、ますますその傾向は加速していきます。

山崎氏（79歳）の場合は、奥さまが元看護師だったこともあり、一緒に健康関連の活動をしていて理想的です。

ただ、必ずしも同じ活動や趣味を持っていなくても、桜井泰晴《さくらいやすはる》氏（63歳・仮名）のように普段は夫婦で別々の活動をしながら、定期的にお祝い会や、旅行のイベントを企画したりして、適度な距離を保ちながら過ごす、という形もうまくいくようです。

大切なのは、夫婦それぞれが自立して何らかの活動をしながら、お互いの活動には理解や関心を持って見守り、定期的に一緒に時間を過ごす機会を持ってコミュニケーションを図ることです。

また、定年後に起業している人に私が勧めているのは、ファミリーカンパニーを作って、ビジネスパートナーとして夫婦で役割分担しながら事業を行うことです。

もともと自営業の方には多い形ですが、奥さまが経理などの管理面を見て、夫婦で協力しながら事業を行っていくというのはメリットが大きいのです。

「人生100年時代」は、「長く働き続ける」ことがポイントですが、このファミリーカンパニーの経営という働き方であれば、「夫婦ともに働き続ける」というライフスタイルになります。

私も起業してから、ファミリーカンパニーの形で事業を行っていますが、仕事上の人間関係が共通になったり、コミュニケーションも自《おの》ずと活発になったりして、なかなかメリットが大きいものです。

夫婦の役割分担ということに関して、定年後になると男性が自宅にいる時間が長くなるので、家事の分担をどうするかという問題も出てきます。

夫婦共稼ぎの家も今は多いため、もともと家事は夫婦で分担しているという家庭も多いかも知れません。でも、男性が家にいる時間が長くなった時に、その分担の見直しは夫婦間での大きなテーマになるでしょう。

今回、紹介している清水誠治《しみずせいじ》氏（62歳・仮名）と山崎幸弘氏（79歳）の場合は、男性が料理を担当しています。

そのきっかけは、ともに「栄養学」で、健康・長寿への関心が高まると、こういうケースは今後、多くなるかも知れません。

清水氏（62歳）は、杏林予防医学研究所の山田豊文《やまだとよふみ》所長の『細胞から元気になる食事』（新潮文庫）を読んで分子整合医学の勉強をして、自ら料理を作るようになった、と言います。私も山田豊文氏の本を読みましたが、確かに深い本でした。

一方、山崎氏（79歳）の方は、70歳代になってから、アメリカのファミリードクターとして1万人以上の食事指導をしてきたジョエル・ファーマン博士の『１００歳まで病気にならないスーパー免疫力』という本に出会い、免疫力を高めるファイトケミカルの重要性に気づき、自ら野菜を中心とする食事を作るようになりました。

また、この本に書かれている大切な情報を世に広めたいということで、フェイスブックで本の中味を要約しながら、少しずつ発信も行っています。

私は、このファーマン博士の本も読みましたが、かなり詳しく食事のメニューやレシピに関するアドバイスが記載されていて驚きました。

両方の書籍で共通して提唱していることも多く、興味のある方にはお薦めします。なお、「健康」の不安については、最後の第5章で詳しく述べていきます。

夫婦での家事の役割分担については、男性側が自ら興味を持って学んでいる部分を担当するようにすれば、うまくいくのではないでしょうか。

そうじや片づけなども奥深いものがあり、いいかも知れません。

距離を超えるIT活用によるコミュニケーション

この章の最後に、コミュニケーションにおけるIT活用について述べておきます。詳しくは次の第4章「情報リテラシー」のところで説明しますが、これから定年後を迎える年代の方々は、現役時代にPCやスマートフォンも使い慣れている世代です。

現在70歳代に入った団塊世代以上の方は、現役会社員でPCがオフィスに普及し始めた頃、すでに上級管理職になっていたため、PC作業を主に部下にやらせていた人が多かったようです。

したがって、現在50歳代のポスト団塊世代と比べて、ＰＣやスマートフォンはあまり得意でない人が多く、とくに同世代同士で、定年後にＩＴを活用したコミュニケーションを取ることが少ないようです。

しかしながら、これから定年を迎える40〜50歳代の方々は、現役時代からＩＴを仕事やプライベートでも使っている世代なので、定年後もそのまま活用することになるでしょう。

ＩＴ活用の最大のメリットは、「距離を超える」コミュニケーションが可能なことです。先ほど、75歳を超えた頃から、コミュニティーを自宅のある地域を中心としたものに縮小していくと述べてきましたが、それはリアルな活動についてです。

ネットによる交流ならば、フェイスブック、ＬＩＮＥやツイッターなどのＳＮＳの活用により、距離を超えたコミュニケーションが可能です。さらにＳｋｙｐｅなどを使えば、映像を使いながらの会話が無料で行えます。

おそらく、これから定年を迎える40〜50歳代の方々については、新しいネット・サービスも次々に出てくるでしょう。それらの情報もつねに採り入れながら活用していくことで、遠隔のコミュニケーションが充実したものになります。

では、IT活用によるコミュニケーションでは、どのようなことに注意すればいいでしょうか？

とくに「定年後」におけるIT活用によるコミュニケーションについて、次の5点に留意していくべきでしょう。

1. ネットに繋がる時間を長くし過ぎない
2. 返信のタイミングに神経質にならない
3. ネットでの発信は、細かいニュアンスが伝えられないことを意識する
4. 様々な価値観を持った人が発信していることを予《あらかじ》め承知しておく
5. 自分はつねに少数派だと謙虚な姿勢でいる

最初の「ネットに繋がる時間」については、SNSは中毒性があるとも言われていて、定年後に自由時間が増えた高齢者はとくに注意しなければいけません。

毎日、時間を区切って決められた時間にアクセスするなどの工夫をした方がいいでしょう。

２番目の返信タイミングについては、とにかく「ゆるく」考えることです。自分が返信する場合も、相手からの返信を待つ場合も、どちらも同じように、気長に対応していきましょう。

３番目から５番目までは、すべてインターネット情報の特性です。個人が誰でも気軽に情報発信ができる時代になったため、ネット上の情報は玉石混交であると、最初から覚悟して臨みましょう。

定年後の年代になると、ビジネス経験も含めた人生経験が豊富な人たちなので、誰でも皆、自分の考え方ややり方に自信や自負を持っているものです。

それをそのままストレートにネットで発信してしまうと、「４つのタイプ」のところで述べたように、世の中には自分と違う３タイプの人間の方が多いので、必ず反発する反応が出るものなのです。

それが極端な形で出るのが、ネット上の「炎上」という現象です。インターネット上では敢えて「炎上」を狙って行う極端な意見の投稿などもありますので、初めからそういう情報も流れていることを承知して、ＩＴ活用を行うようにしてください。

最後に、コミュニケーションでＩＴを活用する場合の注意点を補足しておきます。３番目に挙げた「細かいニュアンスを伝えられない」という点についてです。

メールでも各種チャット（フェイスブック・メッセンジャー、ＬＩＮＥなど）でも、あなたの意図を相手に伝える場合には、実際に会話をする時よりも丁寧に説明をしないと、真意を伝えるのは難しいと理解しておいてください。

それは実際、なかなか面倒だと感じる人も多いので、私が勧めているのは、ネットでのやり取りは最低限の連絡にして、複雑な話やコミュニケーションはリアルに会うかＳｋｙｐｅなどでお互い表情を見ながらの会話にすることです。

私たちは、顔の表情や声の調子など、言葉以外で相手にニュアンスを伝えていることが、思ったよりも多いものなのです。

第4章　１００年人生の「情報リテラシー」

～インプットとアウトプットのバランスが大切

人生後半の充実度を決める「情報リテラシー」

「人生１００年時代」になって、人生の後半となる定年後35年～40年という期間をいかに充実して過ごせるかは「情報との付き合い方」にかかっている、と言っても過言ではありません。

何故かと言えば、何歳になっても「知的生活の習慣」を持って日々を過ごすことが、充実した人生のベースになると思うからです。

人間の寿命は、最終的には「脳の寿命」で決まるとも言われていて、知的好奇心を持って脳が活発に動き続けていれば、元気に自立した生活を送れるそうです。

一般的に60歳を超えると「もの忘れ」がひどくなったと落ち込む人が多いものです。最近の脳科学の進歩は目覚ましいものがあり、実は忘れたのではなく、これまでに蓄積されている情報量が多いために、思い出すのに時間がかかったり、苦労したりするだけだ、ということが分かってきました。

高島徹治《たかしまてつじ》氏の『60代から簡単に頭を鍛える法』（知的生きかた文庫）によれば、脳の中で最も記憶と深く結びついている「海馬」と呼ばれる器官は、「記憶の司令塔」とも呼ばれていて、必要に応じて大脳皮質から情報を取り出してくる役割を担っているそうです。

この「海馬」が思い出すことに深くかかわっていることや、脳細胞は年を取るにつれて減っていくものの、「海馬」の脳細胞だけは年を取っても細胞分裂をして増えることが脳科学の研究で分かってきました。

したがって、定年後の年齢になっても脳を鍛えることは可能です。これまでに読んだ脳科学の本や私自身の経験から、情報のインプットを継続的に行い、それを使える記憶として定着させるには、以下の6点がポイントになります。

1. 好きなことに関する情報を、好奇心を持ってワクワクしながらインプットする
2. 右脳を活用して、イメージや映像を思い浮かべながらインプットする
3. 収集している情報の背景、周辺情報および関連情報（これらを「メタ情報」と呼ぶ）を併せてインプットする
4. 音読や書くなど、五感を刺激しながらインプットする
5. 何度も目に付くところに表示する等、「自然記憶」の力を使う
6. 忘れることは何度も繰り返して覚え直す

これらはすべて、脳科学の研究が明らかにした「脳のクセ」を活用した合理的なインプット法です。とくに1番目に挙げた「知りたい」という好奇心を持つことが大切で、リラックスしてワクワクしながらインプットしたものは、頭によく入り、記憶にも定着します。定年後は「好きなこと、得意なこと」をテーマに仕事をしていくことを私が勧めているのも、情報のインプットがスムーズに行って結果が出やすいのと、学習によるスキルアップが継続しやすいためです。

結果として、事業としても継続しやすく、継続すれば成功しやすいということです。

また、記憶法のテクニックとして、右脳によるイメージ活用、目だけでなく耳、手、口など五感を使う、何度も繰り返すなどのポイントはよく知られていて、あなたも聞いたことがあるでしょう。この方法は、若い受験生などの勉強法でもよく採り入れられています。

一方、「メタ情報」をインプットする方法は聞いたことがないかも知れません。これはビジネス経験、人生経験の長い定年後の方がとくに力を発揮できるメソッドです。

「メタ情報」とは、インプットしようとしている事柄（テーマ）に関連する周辺情報や背景になる情報のことです。これら「メタ情報」を知っていると、本来、知ろうとしていることの理解がより深まったり、正確になったりするのです。

本を多読する読書家が、難解な書でも早く正確に読解できるのは、関連知識が豊富で、ものごとの本質を捉《とら》える理解力が優れているからです。本を読むスピードが上がり、さらに多読ができて「メタ情報」の集積が進む、という好循環になります。

また、インプットだけでなく、アウトプットを行っていくことも、脳を鍛える上では重要です。アウトプットをすることで、インプットしてきた情報が整理されます。第三者に伝わるように考えてアウトプットすることで、完全に使える知識として定着するのです。

このアウトプットと、それを前提としたインプットのバランスをとって、情報と付き合うことにより、脳は活発に働き、認知症とは無縁の後半人生を送れるでしょう。

どんな情報をインプットするのか？

あなたのこれまでの人生の中で、インプットと言って思い浮かぶのは、学校での勉強や受験勉強、そして会社での業務知識の習得などではないでしょうか？

これらは、どちらかと言えば、義務としての「受け身」で始めたインプットであったと思います。

それに対して、定年後に向けた準備や、定年後の長い人生におけるインプットは、自発的に行う勉強になり、それだけで楽しいものです。

第3章で紹介した桜井泰晴氏（63歳）は、60歳定年時に会社で同じ年に退職した10名のうち、ただ1人、「定年再雇用」を選択せずに会社を去り、現在は中小企業に対する技術面などの支援の仕事をしていますが、「会社員時代とは違って、自発的に行う技術関連の勉強は楽しい」と言います。

とくに最近では、ディープラーニングの研究が進んだことによりＡＩ（人工知能）に関連する技術革新が進み、ＩｏＴ（あらゆるモノのインターネット接続）とともに、勉強が欠かせないそうです。

もともとエンジニアとして技術関連の仕事に長く携わっていた桜井氏ですが、会社を離れてみて、世の中の技術を広く見てみると、その変化の大きさに衝撃を受けた、ということです。

これからの時代は、情報通信に関するテクノロジーの進化が、「ＩＴ革命」と言われるほど速く激しく起こるため、最先端の技術革新に関する情報は、つねにインプットしていく必要があるでしょう。

とくに、ＩＴはあらゆる業界で、従来のビジネスモデルを大きく揺るがす根本的な変化を引き起こす可能性があるため、目が離せません。

第１章で紹介した大手電機メーカー出身で、ＩＴ専門学校で講師をしている石黒孝司氏（64歳）は、電機メーカー時代のＩＴ知識や海外駐在の経験を活《い》かしてアジアからの留学生に教えていますが、講義の準備として毎週、最新情報を収集するための時間を取っています。

そして、その新たなインプットの時間が刺激的で楽しい、と言います。毎週、収集した情報を自分なりに整理して、講義の中でアウトプットしていくことで、生徒の理解が深まり、小さな国際交流の一端を担える仕事にやりがいを感じている、と述べています。

この定年退職者２人の例のように、これまでの会社員時代に培った知識や経験をベースに、さらに現在の仕事に直結する最新の情報を自らインプットしていく活動は、楽しいものです。

会社員の時には、どうしても必要に迫られ、義務的な形で情報のインプットをしていたものが、定年後は誰からも指示されるわけではなく、自発的に情報を取りに行って、自分なりに整理していくのが楽しいのです。

定年後に誰もがインプットする分野として、3大不安の1つである「健康」に関する情報が挙げられます。私たちの興味・関心は、年齢を重ねるにしたがって、「健康」のウエイトが高くなってくるものです。

五木寛之《いつきひろゆき》氏は「下り坂の人生」をいかに生きるべきかに関する著書を多く出されていますが、その中の1冊『百歳人生を生きるヒント』（日経プレミアシリーズ）で、「肉体の衰えは、いやというほど感じています。去年までできていたことが、急にするのがむずかしくなる。」と述べています。

衰えを感じる年齢は個人差があるでしょうが、年々、健康維持に関心が強くなっていくことは避けられないでしょう。そして、元気に過ごしてきた人でも85歳が節目になることを、五木氏は同書で、このように記しています。

「八十五にもなると、身体能力の衰えは確実にあります。それは自然の成り行きで、仕方がないことなんですが、社会生活においては、周囲と協調しなくてはならない場面で不都合が生じてきます。」

「人生100年時代」に向けて、年齢を重ねていくプロセスを描写し、その知恵、工夫、考え方といったものを発信する著名人も増えてきて、注目を集めています。

五木氏は80歳代後半ですが、70歳代では人気漫画家の弘兼憲史《ひろかねけんし》氏の『人生は70歳からが一番面白い』（ＳＢ新書）、80歳代前半では若宮正子《わかみやまさこ》氏の『60歳を過ぎると、人生はどんどんおもしろくなります。』（新潮社）があります。また、90歳代では佐藤愛子《さとうあいこ》氏の『九十歳。何がめでたい』（小学館）、１００歳代では髙橋幸枝《たかはしさちえ》氏の『１００歳の精神科医が見つけた こころの匙《さじ》加減』（飛鳥新社）が多くの中高年読者に支持されました。

こうした実際の生活に関するリアルな情報を得ることも大切ですが、「健康」の源という観点から、食事や栄養学を勉強する人も増えています。

前章「コミュニケーション術」において、夫婦の家事分担のところでも紹介しましたが、山崎氏（79歳）は、アメリカのジョエル・ファーマン博士が提唱する、免疫力を持つ「ファイトケミカル」について勉強を重ねています。

また、清水氏（62歳）は、杏林予防医学研究所の山田豊文所長が提唱する「分子整合医学」に関するインプットを精力的に行っているそうです。

40～50歳代から始める戦略的な情報インプット

では、定年後にインプットを継続しながら「長く働いていく」ために、40～50歳代では、どのように情報のインプットをしていけばよいのでしょうか?

ひと言で結論から言えば、将来を見据えた「戦略的な情報インプット」をしていくべきだ、ということです。

「戦略的」というのは、もちろん「定年後」に長く仕事を続けていくためということですが、具体的なポイントは次の4点です。

1. 自分の「専門性」を磨き、深掘りする情報をインプットする
2. 自分が好きで興味関心のあるテーマを追いかけ、「専門性」と結びつけることで、オリジナリティのある体系にしていく
3. 世の中の大きな変化や潮流を早く正確にキャッチして、自分の専門や関心領域と結びつけて、自分の頭で考えてみる
4. アウトプット(情報発信)を前提とした情報の整理・体系化を意識しながらインプットをしていく

以上をまとめると、①専門性、②好きなこと、③変化する社会ニーズの３つの観点から、自分なりの情報インプットの領域を決めて、自分オリジナルな整理の仕方をしていく、ということです。

また、アウトプットの重要性については、本章の後半で詳しく説明していきますが、アウトプットを前提とした情報インプットをすることで、活用できる知識やノウハウとして定着させるメリットがあります。

では、具体的にどのように進めていけばいいのでしょうか？

これは初めからゴールが見えているわけではなく、キャリア形成のところでも述べたように、その時々の出会いなど、偶然性にも大きく左右されます。また、途中でインプットのテーマを変更したり、修正したりすることもあるでしょう。

でもそれで一向に構いません。私の場合は、キャリアのスタートが銀行員でしたので、20〜30歳代は、金融や財務などのファイナンス関連のインプットが中心でした。管理職になり、次第にマネジメント、コミュニケーション、経営学などに関心がシフトしていきます。

さらに、40歳代になると、銀行の経営が不良債権によって厳しくなるタイミングで、株や不動産などの知識が必須になり、法律、税務、交渉術などへ拡がって行きました。併せて、趣味のコーヒーやハワイ、スピリチュアルから健康、そして子どもの教育、勉強法、脳科学に向かいます。

さらに、この時期にインターネットの普及が目覚ましく進んだことから、IT関連の情報収集や実践に強く興味を持つようになりました。

また転職を考え始めた時期でもあり、TOEICや英語力、キャリア開発、人生設計や働き方、高齢社会と将来予測などが情報インプットのメインテーマになります。

50歳代以降の現在は、これからの「人生100年時代」の新しい働き方や、AIおよびIoTなど最新の技術革新動向に加えて、「健康」「長寿」に関わる食事や栄養学にフォーカスして情報をインプットしています。

このように私の場合は、年齢とその時々の仕事に必要な知識やノウハウを得るためにインプットのテーマを変えてきています。

ここで申し上げたいのは、これら一見バラバラで、その時には先のことまで考えていたわけではなかったテーマについて、40歳代後半から50歳代にかけては、少しずつこれまでの蓄積したインプットが関連し始めて、自分なりに整理できるようになってきたことです。

そのきっかけは、「定年後の働き方」を意識したことでした。キャリア開発の説明をした第1章で述べましたが、自分の「強み」や「好きなこと」、「得意なこと」を振り返り、人生やキャリアの棚卸しという作業をすることによって整理できてきたのです。

50歳代半ばに棚卸しを行ったことから、私の場合それ以降の情報インプットは、かなり「戦略的」になってきたと感じています。

その軸は3つで、先ほど提示しました、①専門性、②好きなこと、③変化する社会ニーズです。

第1の専門性は「人生100年時代の新しい働き方」、第2の好きなことは「読書によるインプットとブログによるアウトプット」、そして第3の変化する社会ニーズは「人生100年時代の到来」と「情報通信テクノロジーの進化」をどう融合させていくのか、ということになってきていると感じています。

あなたも、これまでのキャリアや人生を振り返る棚卸しをして、インプットのテーマを結びつけて整理することで「戦略的な情報インプット」を考えてみてください。

「ネット情報」に依存するリスクとは？

では、実際に活用できる情報として、戦略的にインプットを行っていくには、どんな方法があるでしょうか？

あなたが普段、自分にとって必要な情報を取っている方法を改めて振り返ってみてください。20〜30歳代の頃と、40〜50歳代になってからでは、情報のインプット方法に、どのような変化があったでしょうか？

私たちの情報の取り方は、インターネットが登場してから大きく変化してきています。1人1台、パソコンが普及し、インターネットが高速回線でストレスなく、いつでも繋《つな》がるようになって以降、それまで新聞、雑誌、書籍といった紙媒体を中心とする情報収集が、ヤフーやグーグルなどで検索して調べる方法に変わってきました。

さらに、新聞記事のニュースも、キュレーション（まとめ）メディアで読めるようになり、スマートフォンが普及するに至って、とくに生まれた時からネットが存在していた「デジタルネイティブ」と呼ばれる若者世代は、「ニュースはネットで読むもの」として、紙の新聞を取らない世帯も増えてきました。

元日本経済新聞記者・松林薫《まつばやしかおる》氏の『「ポスト真実」時代のネットニュースの読み方』（晶

文社）では、「ネット情報を活用する際に、〝おおもとの発言主体が何なのか〟を意識することは非常に重要です。これは、ネット情報は引用や転載が容易だからです。」と注意を喚起しています。

同書ではさらに、ネットは訂正を前提としたメディアで、未完成でも取り敢えずリリースして、あとで修正すればいいという文化であるとも指摘しています。

新聞や書籍などの紙媒体は、いったん公表してしまうと情報は固定され、それを訂正するには、大きな手間やコストがかかってしまうため、事前のチェックを厳重に行うという工程を経て作られるので、情報の信頼性が高いということです。

また、たいへんな情報通で知られる二人、元NHKの池上彰《いけがみあきら》氏と元外務省の佐藤優氏が共著で書いた『僕らが毎日やっている最強の読み方　新聞・雑誌・ネット・書籍から「知識と教養」を身につける70の極意』（東洋経済新報社）には、それぞれの情報インプット法が書斎の写真入りで詳しく紹介されていて参考になります。

日本を代表する、ニュースや情報の分析家であり、解説者でもある二人ですが、共通しているのは、「日本語の新聞情報」を最も重要なベース知識としている点です。

皆さんが毎朝、通勤電車に乗って乗客を見ていると、おそらく昔は新聞を読んでいる人が多かったと思うのですが、現在では新聞など紙媒体を見かけることはほとんどなく、大半の人はスマホの画面をいじりながら何かを見ているのではないでしょうか？

私は、情報インプットのためにネットも大いに活用すべき、という立場ですが、ネット情報だけに頼り、依存することは以下の3つの理由から、極めて危険だと考えています。

1. ネット情報の信頼性をチェックすることは極めて難しい
2. 一覧性のメリットである「俯瞰《ふかん》性」と「発想の拡大」がネットでは得にくい
3. ネットでは表示される情報が偏るリスクが高い

最初に挙げた「ネット情報の信頼性」については、これまで述べてきた通りです。2016年には、DeNAが運営する健康・医療系キュレーションサイト「WELQ」に掲載された記事について他のサイトの内容を盗用したものだったり、科学的根拠に基づかないものが多数あったりして、大きな社会問題になりました。

ネット情報は、速報性や関連情報を得やすいというメリットがある半面、他の情報ソースによる確認や検証によって裏を取るなど、慎重な姿勢でインプットする必要があります。

２番目の理由である「一覧性」について。新聞は確かに見出しだけを拾って読むことで、今世の中で何が起こっているのかという大きな潮流や全体像を把握できる利点があります。また、書籍についてもよく紙の本と電子書籍を比較した時に言われることとして、電子書籍は順番に読んでいくことしかできないので、ザックリと全体像を把握することが難しい点が指摘されます。

外へ持ち出す携帯性では数百冊でもいっぺんに持ち出せる電子書籍が便利なものの、速読をする際に、電子書籍のデジタル情報ではインプットのスピードが上がらず、紙の書籍のアナログ方式に軍配が上がります。

最後の理由となるネット情報の表示の偏りについて。この点に気づいていない人が多いのですが、実は同じワードで検索しても、表示されるサイト一覧は、検索者によってまったく異なる表示となります。

過去のサイト閲覧履歴、検索履歴、その他分かっている検索者の属性や興味関心などにより、グーグルは人によって表示結果を変えているのです。ヤフーも基本的にはグーグルの検索表示アルゴリズムを採用しているので、どちらで検索してもその傾向はあまり変わらなくなっています。

そうすると何が起こるかと言えば、結果的に自分の興味関心や趣味嗜好《しこう》に近いサイトが優先して上位に表示され、知らず知らずのうちに、耳触りのいい情報だけをインプットすることになってしまうのです。

現在、アメリカでも日本でも、世論を二分するような対立が続き、両者が歩み寄れないほど溝が深まりつつあるのは、ネットによる極端な情報インプットが双方の人たちに起こっているためだと私は感じています。

例えば、日本での憲法９条の改正問題については、改正派は自分たちの意見に近い情報ばかりを目にするようになり、改正反対派も反対の立場や反対の意見を後押しする情報ばかりをインプットすることになっているということでしょう。

今後ますますネットによる情報のウエイトは高くなり、そのボリュームとスピードは無視できないため、ネットによる情報インプットが主流になってくることは間違いないでしょう。

しかしながら、ネットによる情報インプットには、以上のような問題点があるため、必ず、紙媒体や人からの情報収集など、アナログ情報のインプットを併用すべきだと私は考えています。

読書による情報インプットが必要な理由

ネットによる情報収集だけに依存する危険性について述べてきましたが、ここでは新聞記事のほかに書籍から情報をインプットする意味について考えてみたいと思います。

私の情報インプットの柱は、36年前からずっと「ビジネス書」という紙の書籍になっています。なぜ、読書による情報収集なのでしょうか？

ネット、テレビ、新聞といったメディア情報に共通する目的として、速報性ということがあります。確かに社会の変化が激しい時代に、少しでも速く情報を得ることは大切です。

しかし一方で、速報性を重視すると詳細な分析や体系的にまとめて情報発信する、という機能が付きにくいのです。どうしても情報が断片的なものになることは避けられません。

その点、書籍の場合は、著者が数ヶ月、場合によっては数年がかりで構想を練り、関連する情報を集め、それらを体系的にまとめ上げて原稿を書きます。さらにプロの編集者や校閲者の目を通して書籍となって世に出るため、本を１冊読むことで、質の高いまとまった「情報の塊」として、いっぺんに知識や著者の経験、場合によっては「人生まるごと」を追体験することもできるのです。

多読家の方は、例外なく次のように言います。

「本を買って読むことほど、コストパフォーマンスの良い投資はない」

私もまったく同感です。多くのビジネス書がそうなのですが、読書家が著者となって本を書いているため、1冊の本の中には著者がそれまでに読んできた書籍のエッセンスが数多く含まれて記載されています。

本書もそうですが、数多くの書籍が引用されていたり、巻末に「参考文献一覧」が掲載されていたりして、1冊の本から何冊分もの書籍に関する情報が得られます。

私が年間３００冊を36年間、累計1万冊のビジネス書を読んできた話をすると、どうやって速読すればよいかと聞かれるのですが、私はいつも次のように答えています。

「誰でも１０００冊を超える頃から読むスピードは速くなります」

できれば、１０００冊の壁をなるべく短期間で超えた方が、その後の読書生活が充実するのでお勧めですが、興味を持った好きな本を読んでいくのがコツです。

なぜ速く読めるかに興味がある人は、上級心理カウンセラーの桐生稔《きりゅうみのる》氏が最近、出版した『10秒でズバッと伝わる話し方』（扶桑社）を読んでみてください。話し方の本なのですが、「できるビジネスマン」は多読家であると指摘しているくだりがあります。大量に情報を仕入れてポイントを特定し、コンパクトに発信する能力を「要約力」と呼び、多読家の読書法を詳しく解説しています。

多読家の著名人や経営者は数多くいて、私の１万冊などはまったく目立たないレベルですが、そうした読書家の人たちは、皆次のように言います。

「読書の楽しみを知らないことは、人生で最大の損失になる」

作家の故・渡部昇一《わたなべしょういち》氏は自宅の特別な書庫に蔵書約15万冊を所蔵していたそうですし、同じく作家の立花隆《たちばなたかし》氏はビルを借りてまで数万冊の蔵書を保管していると言います。

そうした卓越した多読家の真似をすべきということでは決してありませんが、それくらい本というのは人を引きつける魅力のある情報源だということは、ぜひお伝えしておきたいと思います。

「人生１００年時代」の定年後の長い人生において、本によるインプットと縁がないことは、あまりにももったいないと言わざるを得ないでしょう。

情報のアウトプットが重要なのはなぜか？

これまで、35年～40年の長い期間となる定年後に、できるだけ「長く働き続ける」ための準備として、40〜50歳代から「戦略的なインプット」をしていくことについて説明してきました。

それに加えて、本章の冒頭でも述べたように、インプットし蓄積してきた情報を「活用できる」知識やノウハウにするためには、アウトプットするという習慣が欠かせません。

なぜ、アウトプットが重要なのでしょうか?

人間は誰でも年齢を重ねるにつれて、蓄積している情報量が多くなり、インプットしてきた情報を、取り出したいタイミングですぐに正確に取り出すことが難しくなってくるものだからです。

前にも説明したように、「年を取るともの忘れが激しくなる」と言われていますが、実は忘れるのではなく「思い出すのが難しい」という現象なのです。

最近の脳科学の研究では脳の仕組みがかなり詳しく解明されてきました。先程は海馬の働きについて触れましたが、記憶に関係する脳の仕組みとして、ニューロン(神経細胞)という情報をやり取りする細胞のことが分かってきました。

ニューロンは、大脳にも小脳にもあり、その数は千数百億個と言われています。重要なのは、新しいことをしたり覚えたりしたときにニューロンからシナプスという「つなぎ目」が伸びて、ほかのニューロンと結ばれてネットワークができる仕組みです。

こうして新しい回路がたくさんできれば情報伝達のスピードが上がり、記憶力など脳の働きがよくなるのです（先述『60代から簡単に頭を鍛える法』より）。

したがって、よく言われる「年を取ると脳細胞が減るので記憶力が衰える」という説は間違いで、脳はいくつになっても神経伝達が活発になれば衰えないことが分かってきました。

そこで、せっかく新しいことをインプットして脳に刺激を与え、あらたなネットワークができたものを、衰えさせないことが重要になります。

そのための最もいい方法が、インプットした情報を自分の中で再構成して、第三者に伝えるためにアウトプットするという活動になるのです。

インプットしてからあまり時間を置かずにこの作業をすれば、脳が忘れる前に思い出し、長期記憶に定着することにつながります。

さらに、第三者に理解しやすいように伝えるためには、インプットした情報を自分なりに解釈して、整理しなければなりません。アウトプットのいいところは、そのための作業として「頭を使って考える」というステップが入り、さらに脳を活発に動かすことになることです。

また、アウトプットをする方法としては、代表的なものとして、「話す」と「書く」という2つがあります。前者では声に出し、その声を耳から聴くため、「口」と「耳」を使います。

後者の「書く」場合には、「手」を使い、文字を見るので「目」を使うことになって、いずれも、「五感を使って覚える」という記憶の原理に則《のっと》った行動になり、強く記憶に定着することになるのです。

例えば、あなたも会社で後輩や部下を指導する時に、教える業務内容については、自分がきちんと正確に理解していなければ教えることができない、という経験をしたことがあるでしょう。

さらに、研修の講師や講演、プレゼンテーションの話し手など、複数の人を対象として伝える場合には、理解度の異なる相手に向かって、全員に伝えられるように配慮して話す必要があります。伝え方について複数の説明法を用意したりするなど、より難易度の高い工夫をする必要があるでしょう。

こうしたアウトプットをすることによって、その準備のための行動が、「使える知識」

として、インプットの質を飛躍的に高めることになるのです。

私が「定年後」の長い人生における「情報リテラシー」の重要性を伝える時には、この「アウトプット」を前提にして、情報をインプットしていくよう勧めています。もともとアウトプットしなくてはいけないと覚悟した上でインプットするということは、「情報の整理」を前提として情報にアクセスすることになって効率がいいのです。

毎月１０００人の認知症患者を診る長谷《はせ》川《がわ》嘉哉《よしや》医師が書いた『一生使える脳 専門医が教える40代からの新健康常識』（ＰＨＰ新書）では、「情報を脳内に取り入れるとき、常にアウトプットを意識していることでワーキングメモリが通常以上に働くようになります。」と、アウトプットを前提とするインプットの効果を強調しています。

先程説明したネット情報など、速報性のある最新情報を断片的にインプットすることはもちろん大切で必要なことなのですが、整理された大量の情報をいっぺんに得ることができる読書という方法が、いかにアウトプットに向いた効果的な方法か、あなたにもよく分かるのではないでしょうか。

情報のアウトプット法は「3ステップ」で

本を読むことが、アウトプットの準備を兼ねた効率のいいインプット方法だと述べてきましたが、実は読書をするだけでは、読んだ内容をすぐに忘れてしまうのです。

私は社会人1年目から年間300冊くらいの本を毎年、読んでいたのですが、即効性のあるビジネス書ばかり読んできました。そこで、困った時や悩んだ時に、すぐに書籍から得た知識やノウハウを実践し、そのときは「とても役に立った」という実感を持ちました。ところが、その後しばらくすると忘れてしまうことが多かったのです。

本から得た知識をその後、使うことがなく、次から次へと本を読んでもどんどん忘れて行ってしまいます。読んだ本の内容を聞かれて、あなたもしばらくしたら忘れてしまっていた、という経験があるのではないでしょうか？

私の場合も、何年か経つと、読んだ本の内容をほとんど覚えていなくて、ひどい場合には、その本を読んだかどうかさえ記憶にない、ということもありました。

つまり、本は読むだけでは有効なインプットにならない、ということなのです。せっかく読書によってインプットした内容を、記憶に定着させ、いざというときに脳の引き出しから取り出して使えるようにするために、以下の「3つのステップ」でアウトプットを実践することが有効です。大杉流「３ステップ・アウトプット法」を紹介しましょう。

1．自分の手元で要点をメモとして書いておく
2．なるべく時間を置かずに、ツイッターの１４０文字以内の短い文章で、ポイントをアウトプットしておく
3．ブログの記事として、本の要点、書評、自分が得られたことなどを整理した情報として発信・公開する

以下、順番にアウトプットの方法を説明していきます。

まず、本で読んだ内容を「手元のメモ」として書いておくことですが、きちんとやる人は「読書ノート」を作って、そこに1冊の要点を書いていきます。

ただ、書籍は読み通すだけでも時間と意気込みが必要で、そのうえ読み終ってから「読書ノート」の作成まで控えていると、なかなかハードルが高くなってしまい、読書が進まない人が多いのです。

あまりきっちりとやろうとすると続きません。そこで、「ノート」というかしこまった

形式でなく、手帳にメモでもいいし、大き目の付箋《ふせん》（ポストイット）などに書いて、貼っていく形でもいいかも知れません。

要は、書くことに対するハードルを少しでも下げて、継続するようにした方がインプットの量も質も上がっていきます。

メモに書く内容も、本1冊すべての内容を要約しようとすると難易度が上がります。そうではなくて、自分にとって、この本から学んだことを1つでも2つでもいいから実践するために書き留めておくのです。

本に書いてある「ピンときたフレーズ」をそのまま引用して抜き書きするのも、とてもいい方法です。大切なのは、本の全体を書き留めることではなく、自分にとって得られたものを明確にし、メモを見た時に読んだ本の印象的だった部分が記憶に甦《よみがえ》ってくることなのです。

あなたも本を書く立場になれば明確に分かると思いますが、実は1冊の本で著者が伝えたいメッセージは、それほどたくさんあるわけではありません。より効果的に伝えるために、手順を踏んで説明を重ねたり、事例をいくつも紹介したりという記述の部分も多いのです。

ただ、そうした背景や根拠になる部分の記載があって初めて、ほんとうに伝えたいメッセージに説得力が出たり、伝えるパワーが増したりするというわけです。

そういうことなので、あなたが書くメモには、この本からあなたが受け取ったメッセージを書き留め、それを第三者にどう伝えればいいかを考えながらアウトプットの最初のステップを実践してみてください。

私の場合は、「著者はこの本で何を伝えたかったのか」を考えながら本を読んでいます。そして最も言いたいメッセージを探り、なるべく著者の言葉で引用して書き留めます。

著者の本音は、まえがき、あとがき、第1章（序章）の最初に出てくることが多いのです。また、目次で全体構成を俯瞰すると、どの部分に最も言いたいことが詳しく書かれているのか、おおよその見当がつきます。

この「手元のメモに書く」というアウトプットの有用性は、もちろん読書による情報インプットに限らず、新聞、テレビ、ネット情報、対面での情報収集でも共通です。

ぜひ、情報インプットの際には、「メモを書く」習慣をつけるようにしてください。

アウトプットの継続と習慣化に最適なツイッター

アウトプットの第2ステップとして挙げたツイッターについて説明しましょう。なぜ、ツイッターなのかと、あなたは疑問に思うかも知れません。

ビジネスで使うSNSとしてはフェイスブックや、最近ではLINEやインスタグラムの方が利用者は多いかも知れません。でも、アウトプットの継続や習慣化のためのステップとして、ツイッターを推奨する理由がいくつかあります。

まずひと言で言えば、「発信のハードルが低い」ということです。詳しく理由を説明します。

第1に、匿名でアカウントを作成して発信できること。本名や会社の公式アカウントよりもニックネームで発信している人が圧倒的に多い「ゆるい」メディアがツイッターです。

第2に、140文字以内という「短いメッセージ」での発信ということ。これは意外に発信のハードルを下げます。皆が短い発信なので、ひと言の感想や雑感でもまったく違和感がありません。

第3に、タイムラインに次々とツイートが流れて行ってしまうため、パッと見には発言内容があとに残りません。これも気軽に発信できる理由です。

第４に、リアルタイム性と拡散力に優れたメディアなので、発信が短い割には反応がすぐに得られるという特徴があります。反応する方も気軽でゆるい感覚なので、意外と反応してくれるのです。

また、リツイートと言って、自分だけでなく他のユーザーが発信したツイートをフォロワーに転送する機能がツイッターにはあり、これが時には爆発的な情報拡散力となります。トランプ大統領が大統領選挙期間中からツイッターでの情報発信を積極的に行ったのも、その拡散力を計算してのことです。また、日本でも２０１７年の衆議院総選挙で立憲民主《りっけんみんしゅ》党がツイッターの積極活用で議席を大きく伸ばしたことが話題になりました。

ツイッターは検索して情報を探している人も多く、孤独に発信していても意外と見つけてもらって反応が得られるメディアです。その反響が毎日ツイートする（つぶやく）ことの励みになり、発信が継続して習慣になりやすいのです。

以上のように、ツイッターは個人が気軽に発信できる特性を持ったメディアなので、アウトプットを公開することで反応を確かめるのに最適です。

自分で書いたメモを人に見せるのは抵抗があるかも知れません。ただ、いずれは第三者に向けて、情報発信というアウトプットをしていく上で、そのステップとしてツイッターは最も向いていると思います。

実際に私は２００９年12月24日のクリスマスイブにツイッターで情報発信を始めてから、8年数ヶ月間にわたり、1日も途切れることなく毎日、つぶやきを発信しています。この日はソフトバンクグループの孫正義《そんまさよし》社長がツイッターを始めた日でもあります。私は初めてスマートフォン（iPhone）を手にして、孫社長と同じ日にツイッターを始めました。

ツイッターのアカウントは、メールアドレスと暗証番号の登録をすれば誰でも無料で作成できますし、セキュリティ面も携帯番号を登録することで、乗っ取りなどの不正防止が可能です。

また、ツイッターはスマートフォンとも、とても相性がいいので、アウトプットのステップとして、ぜひ活用されることをお勧めします。

ツイッターについて最後に、あまり知られていないのですが、面白いサービスがあるので紹介します。

先程、「ツイッターはタイムラインに次々と流れて行くので、発言があとに残らない」と説明しましたが、実は「ブログ」の形式で、自分のつぶやきをあとに残してくれるサービスを無料で提供している会社があります。

それは、Twilog（ツイログ）というサービスで、登録のタイミングなど条件がありますが、一度登録をすれば、ツイッターのアカウントを削除・変更しない限り、自分のつぶやき（発信）履歴をすべて「ブログ形式」で保存してくれるものです。

私はツイッターを開始した直後からこのサービスを利用しているので、3000日以上にわたる私の2万を超えるすべてのツイート（発信履歴）をブログ形式でTwilog（ツイログ）が保存してくれています。

ツイッターの活用と併せて、ぜひTwilog（ツイログ）の利用もお勧めします。

ブログがアウトプットの本命になる「3つの特性」

アウトプットの第3ステップとして挙げたブログについて説明します。私は定年後も「長く働き続ける」にあたり、最も効果的なアウトプットは「ブログ」だと考えています。

それはなぜでしょうか？

もともと「ブログ」は無料のサービスとして、個人の日記をネット上に公開するサービスという捉え方で拡がり始めました。

ただ現在、ブログは個人が情報発信するための最強のツールに進化しているのではないかと思っています。ブログが個人的な日記だったとしたら、おそらく芸能人や著名人以外のブログは、身内や親しい友人を除いて誰にも読まれないでしょう。

ところが、ブログが専門家の情報発信としての性格を持てば、興味のある人にとっては、ぜひ読みたいコンテンツになります。最近、「自分メディア」とか「オウンドメディア」という言葉を聞いたことがある人もいると思います。

まさに個人が自分から全世界の不特定多数の人々に向けて、情報発信ができる仕組みが「ブログ」なのです。そこでは、コンテンツとして何を発信していくか、どういう頻度で発信していくかが重要になります。

私は「ブログ」は、以下の「3つの特性」があるため、情報アウトプット法の本命になると考えています。

1. 専門テーマを決めて、ある程度のボリュームの情報を継続的に発信できる
2. 情報発信の範囲が広く、且つ、極めて低いコストで発信できる
3. 発信したコンテンツがストックとして蓄積され、検索により求める情報にアクセスすることが容易である

1つずつ、説明していきましょう。最初の特性は、ブログの黎明《れいめい》期から進化してきた現在、専門家による情報発信のブログが主流になっている、そのため情報の価値が上がってきている、ということです。

先程、情報インプットについて、ネット情報については「信頼性」のチェックが難しいと書きましたが、専門的な情報が相当規模のボリュームで蓄積されているブログであれば、信頼できると判断されるようになってきました。

もちろん、ボリュームだけで情報の質は判断できず、ネット情報は玉石混交であることは変わらないのですが、同じ専門テーマで記事数の多いブログは、評価も高いことが次第に明らかになってきました。

グーグルが検索によってどういうサイトを上位表示させるかというアルゴリズムで、以前はキーワードの数やアクセスの多いサイトにいかにリンクが貼られているかというサイト制作者側がテクニックで対策を打てるような基準が用いられていました。

WEBサイトへのアクセス数を増やしたい企業がSEO（検索エンジン最適化）対策としてサイトの中味の改善よりもテクニカルな操作でアクセスを増やそうとする傾向が強ま

ったため、より有用なサイトが上位表示されるように、グーグルは頻繁に検索表示のアルゴリズムを改定しています。現在は、単なるキーワード数ではなく、同一テーマでの記事数、情報ボリューム、更新頻度を検索上位表示させる基準として重視するようになりました。

ネット業界では、1テーマ200記事が上位表示のための最低ボリュームとも言われていて、通常のWEBサイトよりも、ブログサイトの方が検索で上位表示されやすくなってきたのです。

したがってグーグルの検索で上位表示させるには、同一の専門テーマで、ブログの更新頻度を上げ、記事の数を増やすことがポイントであり、アクセスの多い人気ブログにする近道なのです。最低、毎日更新が求められるのですが、これはなかなかハードルが高い。そのため、発信の難易度が低いツイッターで練習を積むというわけです。

ブログの2番目の特性として挙げた「情報発信の範囲とコスト」についてお話ししましょう。情報はネット上に公開されるので、世界中の誰でも見ることができます。但し、日本語の壁があるので、自動翻訳の技術レベルがもう少し上がるまでは、日本国内限定になります。それでも、日本全国、ネットにさえ繋がっていれば、どこからでもアクセスできるのがブログで、もちろんスマートフォンでも読めます。

コストについては、最もメジャーなアメーバブログ（通称「アメブロ」）などの無料のブログサービスがいくつもあって、利用者も多いのですが、私は独自ドメインを取得した上で、自分でサーバーをレンタルするワードプレスなどを活用してブログを立ち上げることを勧めています。

なぜかと言えば、無料サービスは商業利用に制限があるのと、サービス停止のリスクがあるためです。有料でも月額千円程度のコストなので、あまり負担感はなく、私は有料サービス、独自ドメインを選択しています。

ブログは「人生の母艦」

ブログの特性の３番目として挙げた「ストックとして蓄積される」とはどういうことでしょうか？

先程、ツイッターの説明の最後に触れた「Twilog（ツイログ）サービスを思い出してください。「Twilog（ツイログ）」は、ツイッターでの全発信（つぶやき）を、ブログ形式で整理して保存するサービスでした。

つまり、ブログというのは、毎回更新した記事が、カテゴリーごと、および更新日ごとに整理されて蓄積していくストック型のメディアなのです。

これがなぜ凄《すご》いかと言うと、ブログのサイトにアクセスして情報を見に行ったときに、ブログの読者は、どれだけの記事がストックされているかという、情報ボリュームがひと目で分かるためです。その情報ストックが、ブログ運営者の「信用」になります。

そして、個々の記事をクリックするだけで表示させてその場で読むことができます。さらに関連記事や、前後の日付に書かれた記事へのアクセスも容易です。

とくに自分が関心のあるテーマやコンセプトで書かれたブログを見に行けば、欲しい情報にアクセスできる可能性が高い、という判断もできます。

ブログにはそういった可能性があるために、専門的な内容の記事数が多いブログを、グーグルは検索で上位表示させているのです。

では、ブログの記事が長い年月にわたって数多く蓄積されていくと何が起こるのでしょうか？

例えば、自分が専門家として取り組んでいる情報を毎日、ブログで発信を続けた場合には、興味を持って読みたい読者が現れ、徐々に増えていくでしょう。毎日、ブログを更新して情報発信を続けた場合、私や周囲のブロガー仲間たちの経験では、２年を超える頃からかなり多くの読者を獲得するブログに育ってきます。

毎日発信のブログなら記事数で７００記事を超えてくる頃でしょうか。もちろん個々のブログ記事で何を発信していくかが最も大切で、読者のニーズに合ったものを発信しているのでなければ、なかなか継続して読んではもらえません。

ただ、１つや２つのいい記事よりは、長い間、継続して記事を発信し続けて、記事のストックを作っていく方がはるかに重要です。そして継続してアウトプットしていくには、あまり読者の反応がなくても続けていく意欲を失わない「好きなこと」がテーマであることがポイントになるのです。

私も経験があってよく分かるのですが、読者も少なく反応もないのにブログの記事を書き続けるというのは、かなり忍耐力が求められる作業です。

そういうこともあるので、比較的ハードルの低いツイッターで継続や習慣化の訓練を積むことは効果があるでしょう。

それから繰り返し申し上げますが、ブログのテーマは、自分の「専門性」と「好きなこと」を組み合わせた、オリジナルのコンセプトを考えるといいでしょう。とくに「定年後」の長い期間にわたり、アウトプットとして情報発信を続けていくには、ブログのコンセプトは重要です。

これだけ継続のハードルが高いのに、私がブログによる発信を推奨するのはなぜでしょうか？

それは、ブログのストックが持つパワーのためです。とくに「定年後」の人生後半に入って継続してきた場合に、ブログが「人生の母艦」になるからです。

私のブログは毎日更新を続けていますが、まだ5年に満たないので記事数も2000程度です。まだまだ「人生の母艦」という域には達していませんが、ブログによるアウトプットは習慣として毎日継続しているので、いずれは大きなストックとして、人生のライフログと言えるものになっていくでしょう。これをブロガー仲間では「人生の母艦」と呼んでいるのです。

最後に、ブログを含めて、情報のアウトプットを継続していくために大切なことをもう1つ述べておきましょう。

それは、つねに新しいインプットを、継続していくことです。アウトプットの方式にもよりますが、きちんと整理した価値ある情報アウトプットをしていくには、アウトプットする量の100倍から200倍のインプットが必要だと言われています。

作家の立花隆さんは桁《けた》外れの多読家として知られていますが、本を1冊執筆するたびに、そのテーマを中心とした本を最低、100冊は読むそうです。本だけで100倍のインプットをしているのです。

あなたも「定年後」に、情報のインプットとアウトプットのバランスを取って継続していけば、認知症とは無縁の「知的生活の習慣」を確立することができるでしょう。

第5章　１００年人生の「健康法」

～情報過剰の時代にいかに正確な情報を取るか

定年後人生ですべての基礎になる「健康」

「人生100年時代」になって、人生の後半となる定年後35年〜40年という期間を過ごすことになると、すべての活動の基礎になるのは何といっても「健康」です。

人の助けを借りずに自立して日常生活を送れる限度の年齢を「健康寿命」と呼んでいます。日本人の平均寿命は、2016年時点で女性87歳、男性81歳で、いずれも過去最高を更新していますが、健康寿命は、それぞれ75歳、72歳となっており、その差は女性で12年、男性で9年もあります。

このギャップは、何らかの介護や手助けを受けながら生活する期間となっていて、平均寿命は延び続けているものの、この期間がなかなか縮小しないのが課題となっています。

では、私たちが定年後に、できるだけ長く自立した生活を続けていくにはどうすればいいのでしょうか?

私の結論は、「現役で働き続ける」ことが心身の健康にプラスになり、健康寿命を延ばす決定打になるということです。健康だから働くのではなく、働くから健康なのです。

それには様々な理由がありますが、主なものを挙げると以下の5点になります。

1. 仕事が脳に刺激を与えて活性化されるため、「認知症」になりにくい
2. 仕事にかかわる仲間との交流が続き、「孤独」にならない
3. 毎日、スケジュールが組まれて、「規則正しい生活習慣」を作れる
4. プロとして報酬を得る「緊張感」を維持できる
5. 未来に向けた目標を立てることで、「前向きな気持ち」で生活できる

その他にも、仕事を続けることによるメリットはありますが、心身の「健康」という観点からは以上が大きいと思います。

さらに、「定年後の3大不安」の1つである「カネ」の面についても、年金以外の収入を得ることになるので、不安が減ることになるでしょう。

以下、順番に詳しく見ていきましょう。まず、仕事が脳に刺激を与えることについてですが、これは異論の余地がないでしょう。

「定年後」が長い期間になったため、健康面や体力に応じて働き方（働く時間、場所など）を変えていく必要がある、と第1章、第2章で説明しましたが、働き方を変えても報

酬を得ていくには、いろいろと自分の頭で考える必要があります。

これはある日突然にスタイルを変えるというよりも、少しずつ働く時間を短くしたり、仕事における移動距離を短くしたりするなど、その都度、段階的にいろいろと考えて徐々に変化させていくのがよいでしょう。

そのために、仕事を続けながらいろいろなことを考え、仕事に関わる人たちとコミュニケーションを取っていくことで、脳が刺激を受け、活発に動くことになるのです。

例えば、ある年齢で完全に仕事を引退するということになると、そこで一気に人間関係がなくなり、会話も少なくなってしまいます。

人との会話や交流があることが認知症にならないポイントと言われているので、働き方を変え、ペースを落としても「長く働く」ことは大切なのです。

この仕事での交流は、2番目に挙げた「孤独を感じない」ということにも繫《つな》がります。第3章のコミュニケーション術のところでも触れましたが、「コミュニティーの連続性」は大事にしたいものです。

次に3番目の「規則正しい生活」ですが、健康で長寿の方は早寝早起きの規則正しい生活をしている人が多く、生活のリズムは健康のベースです。

とくに毎日、スケジュールを立てて、今日は何月何日の何曜日で、どういう予定で過ごすかを意識して生活すると、生活のリズムやメリハリが出て、健康を保つ要因となります。認知症の初期症状として、今日の日付や曜日が分からなくなる、ということがあるそうです。現役の時には日付や曜日の意識はいやでも頭に沁《し》みついていたでしょうが、「定年後」も楽しみのスケジュールとして、ぜひ意識を持ち続けましょう。

4番目と5番目は、心からくる健康ということです。適度な緊張感は、風邪を引かない、質のいい睡眠がとれるなど、体調面にプラスの影響を及ぼします。

また、ライフワークなど、未来に向けての目標が心の支えになり、前向きな気持ちを保つことで気持ちに張りが出たり、笑顔が増えたりして、健康には大きなプラスになる、と言われています。

75歳を超える後期高齢者の方でも元気に活躍されている方は、目標を持って仕事を続けている人がほんとうに多いのです。

健康は「身体」と「心」のバランスを

平均寿命と健康寿命をできるだけ近づけようと考えるときに、必ず出てくるのが「生活習慣病」の予防についての議論です。

生活習慣を改善するための指導が、健康診断や人間ドックとセットで行われていますが、その基本は、「食生活」と「運動」になります。

この2つが「身体の健康」と密接にかかわっていることは間違いないので、予防として大切なことに異論はありません。ただ、これにもう1つ、「心の健康」のための対策をぜひ加えて考えるべきでしょう。

最近は「老人性うつ」が増えていることや、「孤独死」の急増が社会問題になっていることなど、「心の健康」は軽視できなくなっているのです。

健康に関する情報は、超高齢社会の日本において、溢《あふ》れるほど流されていますが、私たちはいったい、どんな情報を参考にして「健康問題」を考えていけばいいのでしょうか？「食事」や「運動」といった日常生活に直接かかわる健康情報については、どうしても断片的な情報や知識に踊らされることになってしまいがちです。

また、世の中には正反対の情報が流されていることも多く、いったい何を信じたらよいか私たちはその都度、混乱することになります。

そうした中で、私はまずベースとなる考え方として、東京大学高齢社会総合研究機構が提唱している「Healthy Aging（ヘルシーエイジング）」というコンセプトを取り入れるのがよいのではないかと思っています。

東京大学高齢社会総合研究機構が監修している『東大が考える１００歳までの人生設計 ヘルシーエイジング』（幻冬舎）によれば、「ヘルシーエイジング」とは、「心身が衰えてきても、そこそこ元気に楽しく、自分らしく、できるだけ自立的に暮らし続ける、健やかな歳のとり方をめざす考え方」のことを言います。

この「ヘルシーエイジング」を実践していくために最も大切なことは、「病気や怪我による障害の発生を予防し、障害が発生したら、できるだけ回復をはかり、同時に障害を補う手段を講じる」ことだそうです。

具体的には、寝たきりにならないために、以下の「要介護3大要因」をいかに予防していくか、ということになります。

1. 運動機能障害（ロコモ）
2. 脳血管障害
3. 認知症

最初の運動機能障害を予防するには、筋力の低下を防ぐことが基本になります。運動機能障害というのは、「骨・関節・筋肉といった運動器の機能が衰えて、立つ、歩く、といった動作が困難になり、要介護や寝たきりになる」ことです。

こうした状態を「ロコモティブシンドローム」（略して「ロコモ」）と呼んでいます。個人差が大きいのですが、概《おおむ》ね60歳を超えてくると、身体のどこかが「痛い」という人が多く、腰痛、背痛、関節痛などが典型ですが、「筋力低下」によることが多いため、鎮痛剤などの薬では治らないものだそうです。

2番目の脳血管障害の予防については、よく聞くことだと思いますが、要するに「メタボ」と「糖尿病」を防ぐことです。

脳血管障害および心筋梗塞《こうそく》の要因は、高血糖症（糖尿病）、高脂血症、高血圧症、内臓脂肪過剰（メタボリックシンドローム、通称「メタボ」）と言われています。

よく健康診断や人間ドックで指導されるように、生活習慣を改善することで、基本は「食事」と「運動」になります。

3番目の認知症について、いくつかのタイプがあるのですが、脳神経に老廃物がたまる

「アルツハイマー型」と脳の血管が詰まって起こる「脳血管性認知症」が多いそうです。どちらも脳血管の動脈硬化が原因で起こると言われており、動脈硬化を防ぐことがポイントになります。

以上が、東京大学高齢社会総合研究機構が提唱する「ヘルシーエイジング」に基づく、「健康」に関する基本的な考え方になりますが、このあと、「食事」「運動」「心の健康」に関して、具体的な健康法を見ていくことにしましょう。

「食事」による健康法

アメリカの有名なことわざ「WE ARE WHAT WE EAT.」（私たちは食べたものからできている）というのを聞いたことがあるでしょうか？

まさに、私たちが毎日何を食べているかが「健康」のベースになる、ということです。体が本当に求める食べ物を摂《と》ること、もっと厳密に言えば、細胞の中のＤＮＡが要求するミネラルやビタミンなどさまざまな栄養素を摂ることが、私たちの「健康」の源になる、というのが分子生物学の研究で解明されたそうです。

第３章で紹介した、米国公益法人ライフサイエンスアカデミーを主宰し、杏林予防医学研究所所長として、食による予防医学の普及に努めている山田豊文氏が書いた、『細胞から元気になる食事』によれば、「正しい食事が一生を決める」ということです。

なぜなら、体が要求する正しい食事を摂れば、私たちが生まれながらにして持っている生命体としての優れた機能を、効率よく、正しく、最高に機能させることができるからだそうです。

つまり、薬を用いずに人が本来持つ自己複製能力を引き出して病状を改善する「分子整合医学」の理論によれば、食や栄養に関する取り組みが「健康」には最も大切だ、ということになります。

ではどんな食事をすればいいのでしょうか？　本書では専門的な栄養学にまで入ることはしませんが、よく言われているのは、ミネラルやビタミンをバランスよく摂ること。そのためには、野菜を中心とした食事が適していて、旬のものを調理する伝統的な日本食の家庭料理は理想的な食事になります。

その他、体のサビ止めになる抗酸化物質としてのビタミンCをはじめとする栄養素や、生の食べ物や発酵食品に豊富に含まれる食物酵素を十分に摂ることが大切です。

また、最近注目されているのは、腸内環境を整えることで、これも食物繊維をはじめ、さまざまな栄養素や食物酵素が欠かせないそうです。

日本人の場合は、栄養バランスという点では、不足に注意すべきなのは、タンパク質（必須アミノ酸）、ビタミン、ミネラル、食物繊維。逆に、過剰に注意すべきなのは脂質です。

したがって、積極的にご飯（お米）と大豆製品、野菜・海藻類を食べて、脂肪分とお酒を控えめにするといいようです。

ただ、あまり栄養素の量を計測するなど神経質になるよりは、体の声を素直に聴いて、その日・その時に食べたいもの、美味《おい》しそうなもので、なるべく季節ごとに旬の新鮮なものを、彩りよく食卓に並べて、楽しんで食べればよいのではないでしょうか。

そして、何を食べるかに加えて、家族や仲間と楽しく話をしながら、よく嚙《か》んでゆっくりと食べることも大切でしょう。心を満足させる食生活が、健康の基本となるものです。

「食事」に関する健康法として、とくに「定年後」の男性には、ぜひ知っておいていただきたいことがあります。それは、料理をパートナー任せにせず、自ら役割分担を買って出て頻繁に料理を作ることが、健康面において大いにプラスになるという事実です。しかも、

1つだけでなくさまざまな健康上のメリットが得られるのです。

まず、これまで説明してきた「体が求める栄養素」を実際のメニューに具体化して、買い物も併せて行うことで、大事な知識が身について定着します。加えて、いろいろと食材やメニューの組み合わせを考えることで、脳のトレーニングにもなります。

次に、実際に調理をするには、全部の料理を同時に温かいまま食卓に並べるまでの段取りがとても難しいことに気がつくでしょう。

食材の下ごしらえから始まり、ご飯が炊き上がるタイミング、汁物を温める時間、調理をする順番、調理器具や食器の選択など、自分の頭で考えてシミュレーションしながら工夫して段取りを考える必要があるので、料理はとても高度な知的作業なのです。

さらに、ベストセラー『思考の整理学』（ちくま文庫）で知られる外山滋比古《とやましげひこ》・お茶の水女子大学名誉教授は、94歳で現役の作家として活躍されていますが、毎日の料理を自ら作っていて、それが健康のためにとてもいいと、いろいろな著書に書かれています。

例えば、『50代から始める知的生活術』（だいわ文庫）では、「80歳から料理はますます面白くなってきました。」と述べたうえで、「料理は思考、調理はエクササイズ」と説明しています。

私たちの日々の運動の中で足を使うものは多いのですが、意外と手を使うものは少なくて、その点、料理をすれば毎日、手をかなり使うことになり、それが脳にも刺激を与えていいのだそうです。女性が男性よりも平均寿命が長いのは、料理の習慣があるからかも知れません。

先に紹介した、井浦氏（90歳）、山崎氏（79歳）、清水氏（62歳）とも頻繁に台所に立って料理を作っているそうですが、見た目も若々しく、まだまだ現役で仕事を続ける意欲が満々という元気さです。

ぜひ、男性の皆さんは、「定年後」の増えた自由時間の一部を、料理をする時間に充てることをお勧めします。

「食事」に付随する見落としがちな健康法

「食べる」ことに関連して、定年後に「健康」を維持して長く元気に働くには、意外に見落としがちなこととして、「歯と口のケア」があります。

まず、歯については、しっかり噛んでものが食べられるかどうかが健康長寿の分かれ道と言われています。確かに、理想的な食事のメニューを揃えても、それをしっかりと噛んで消化吸収できなければ意味がないでしょう。

日本歯科医師会が１９８９年に始めた、「８０２０運動」というものがあります。80歳でも20本以上の歯を残そうという運動です。この運動を開始した当初は、20本以上、自分の歯が残っている80歳高齢者はわずか数パーセントだったそうですが、現在は約４割弱になっているそうです。

実は、自分の歯を残してしっかり嚙んで食べることは、認知症予防の観点からも重要だと言われています。

実際に、歯がほとんど残っていないのに入れ歯を使わない人や入れ歯が合わなくてよく嚙むことができない人は、認知症になる危険度が高く、逆に歯が20本以上残っている人は危険度が低いのです。それは、嚙むことが、脳の血流をよくして、脳を刺激するためです（既出『東大が考える１００歳までの人生設計 ヘルシーエイジング』）。

したがって、できるだけ自分の歯を残してしっかりと嚙むことができるように、定期的に歯科医院に行って、歯の点検をするようにしましょう。

また、正しい歯磨きの習慣を身につけることにより、歯と口のケアをきちんと行って、歯周病を防ぐことも大切です。歯周病の予防は、とにかくブラッシングを正しく行うこと。

ゴシゴシと力を入れて磨けばいいというものではなく、正しい角度でブラシを歯と歯茎の境目に当てて、歯周ポケットのゴミを掻《か》き出すことです。強くこするのではなく、力を入れずに細かく振動させるのがコツです。

私はたまたま30代の時に親知らずを3本抜くことになり、その時にお世話になった歯科医院で、「歯周病になりかかっている」と指摘され、厳しくブラッシングの指導を受けました。それ以来ずっと、指導してくれた飯田橋《いいだばし》の歯科医院に通って、歯の定期チェックと歯石・歯垢《しこう》の除去を行っています。歯周病は命にかかわる病気ということで、意外に怖いのです。

もう1つ、見落とされがちなこととして、最近徐々に注目されるようになってきた「誤《ご》嚥《えん》の問題」があります。高齢者が肺炎で亡くなるケースが増えているのですが、増えているのは「風邪をこじらせて肺炎になる」というよく知られた原因ではなく、飲み込む力の衰えから来る「誤嚥性肺炎」だそうです。

「誤嚥」というのは、漢字の通り、「誤って飲み込む」ことで、食べ物が食道ではなく、気管や肺の方に入ってしまい、そこで炎症を起こして「誤嚥性肺炎」になってしまうのです。現在、日本人の死因で肺炎は、がん、心臓疾患に次いで、第3位になっています。長らくトップ3に入っていた脳血管性疾患を抜いてしまうほど増えてきており、これは高齢者が「誤嚥性肺炎」で命を落とすケースが増えているためです。

あなたも、食事中にムセたり、自分の唾液《だえき》で咳《せき》込んだりすることはないでしょうか？

『肺炎がいやなら、のどを鍛えなさい』（飛鳥新社）の著者で、気管食道科専門医の西山《にしやま》耕一郎《こういちろう》氏によれば、それは「飲み込む力が衰えてきている証拠」で、「誤嚥性肺炎のサイン」かも知れない、ということです。

西山氏は同書の中で、「飲み込む力は鍛えることができます。」と提唱していて、のどの筋肉を鍛えるための8つの「のど体操」を紹介しています。

いずれも、のどの筋肉を動かして緊張させる体操です。もし、「ムセる、咳込む、かすれ声」などの症状が頻繁に出てくるようになったら、「飲み込む力」の衰えに注意するようにしてください。

西山氏によれば、「のどの筋肉」は何歳からでも強くなるそうです。

「運動」による健康法

では、ここからは「運動」による健康法について見ていきましょう。本章の冒頭で紹介した「ヘルシーエイジング」を提唱している東京大学高齢社会総合研究機構によれば、健康維持のための「運動」は、無理をせず自分に合った運動を習慣化することが大切で、「運動の基本」は次の4つです。

1. ストレッチ
2. 筋力強化のための筋トレ
3. バランス運動
4. 有酸素運動

運動は急に激しいものを始めたり、自己流の誤ったやり方で取り組んだりすると故障につながります。とくに、肥満の人が突然、運動を始めると、膝《ひざ》や腰を痛めやすいので、まず減量してから始める必要があります。

では1番目のストレッチから、上記「ヘルシーエイジング」の考え方に沿って、具体的な運動法を説明していきます。ストレッチは、ゆっくり時間をかけて筋肉を伸ばすことがポイントになります。せっかちに行うと効果が無いばかりか、筋肉を痛めてしまうので注意しましょう。

開脚の女王 Eiko さんが書いた『どんなに体がかたい人でもベターッと開脚できるようになるすごい方法』（サンマーク出版）が１００万部を超えるベストセラーになりましたが、それだけ体が硬くて悩んでいる人が多い、ということでしょう。

この本で紹介するメソッドも4週間で達成するプログラムで、焦らずにステップを踏んでゆっくりとストレッチを行うことを指導しています。

2番目の「筋力強化」については、歩けなくなったり、転倒して寝たきりになったりするリスクを軽減するためには重要です。筋力は、40歳以上で年間１％ずつ低下していくのが、60歳以上では年間5～10％の低下になっていきます。

そして75歳を超えると筋力は急速に低下していくので、後期高齢者の１人当たり医療費が急増しているのです。

その原因は、下肢の筋肉が衰え、歩く速度も遅くなり、立位保持やバランス能力も低下して転倒しやすくなることです。

では、どの筋力を、どのように鍛えていけばよいのでしょうか？

筋力強化で有名でよく取り組まれるのは腹筋や背筋ですが、ほとんどの中高年が悩まされている腰痛や肩こり、さらに肥満や内臓の不調を解消させるには、「大腰筋」と「腸骨筋」を鍛えることが大切だ、と言われています。

まず「大腰筋」とは、腰椎《ようつい》の左右の側面それぞれから骨盤を通り、太ももの大腿《だいたい》骨の付け根にまで達している「胴体と脚をつなぐ筋肉」で、「腸骨筋」はその左右外側にある骨盤周りの筋肉になります。

これらの筋肉を鍛えれば、骨盤を前傾させる（後傾させない）ことができて、腰痛や肩こりが解消します。

具体的な筋力強化の運動方法としては、「スクワット運動」と「上体起こし運動」が無理なく継続できて効果があります。私は毎日、この２つの運動を習慣にしています。

「スクワット運動」は、①ゆっくり息を吐きながら膝を曲げて腰を下げる、②３秒静止して、息を吸いながら戻る、という上下運動を立ったまま繰り返します。最初はきついので椅子の背やテーブルなどにつかまりながら行い、慣れてきたら手を腰に当てて行います。

「上体起こし運動」は、仰向《あおむ》けに寝て、膝を曲げて、腕は胸の前で交差させて、①ゆっくり息を吐きながら上体を起こす、②３秒静止して息を吸いながら戻る、という動作を繰り返します。腹筋運動に似ていますが、膝を曲げて上体を起こすので、腹筋運動ほどきつくなくて、頭や肩の下に枕や座布団を当てて行うとさらに無理なく行えます。

続いて3番目の「バランス運動」ですが、これは転倒しないための「下肢の筋力強化」です。下肢の衰えは「開眼片脚起立時間」で簡単に判るもので、目を開いたまま片脚を床から5㎝程度上げた片脚立ちのポーズを15秒以上維持できない人は転倒リスクが高いそうです。

この片脚起立を左右それぞれ1分間、1日3回行うことで下肢筋力を強化できます。ぜひ毎日の運動に、この「バランス運動」も採り入れてみましょう。

最後の4番目、「有酸素運動」については、さまざまなやり方で取り組む人が多いので、次に詳しく見ていくことにします。

「有酸素運動」の王道はウォーキング（散歩）

健康法や生活習慣の改善指導を受ける時に、ほとんど全ての人が言われるのが、ウォーキング、いわゆる散歩です。有酸素運動は、脂肪を燃やしてエネルギーに変換するプロセスとしてとても重要です。

ウォーキングは一見、簡単そうですが奥が深く、姿勢が悪かったり、靴が合わなかったり、長時間歩き過ぎたりすると故障につながります。

若い時のトレーニングと違って、定年前後の中高年が健康維持のために行う運動は、弱った筋肉を回復させ、膝や腰につながる筋肉のバランスを回復して痛みを取るために行う運動なので、がむしゃらに無理をして行うと逆効果です。

運動を始めると痛みが出るケースもあるので、決して無理をせず、運動のスタイルや負荷のかけ方については、柔軟に変更しながら自分に合った運動方法を見つけるようにしましょう。

では正しい歩き方とは、どのようにすればいいのでしょうか？　正しい姿勢で歩くには、頭のてっぺんに糸が付いていて、天から糸を引っ張ってくれているようなイメージで、背筋を伸ばして立ち、糸を引く手が若干前に出て、脳天を引っ張ってくれているように、やや前傾しながら歩くといい、と言われています。

胸を張りすぎて尻《しり》を引いたスタイルも、逆に背を丸めて腹を引っ込めた姿勢もよくないそうです。

また、長く歩く際には、手提げやショルダーはもとより、リュックなどもできるだけ持たない方が姿勢を崩さないのでいい、とされています。どうしても持つなら軽いものを体に密着させて持つようにするといいでしょう。腹巻式のランニングベルトなどがいいようです。

ウォーキングではなく、歩く速さで走る「スロージョギング」という運動方法もあります。速度が遅いので、それほど心臓の負担にならず、有酸素運動としてはいいと言われています。

しかも走る動きをするので、両足が同時に地面から離れる瞬間があって、歩く時よりも足や太《ふと》ももを高く上げるという意味で、下半身の筋肉に負荷がかかっていい、とされています。

一方、ランニングになると、心臓に負荷をかける本格的な運動になり、ウォーキングや散歩とはまったく違う次元の運動ということになります。

また、足腰が弱ってきた高齢者の間で、「ノルディックウォーキング」というのが注目されるようになってきました。これは、スキーのストックのような杖《つえ》を両手で突きながら歩く方法で、正しい姿勢を保ちながら歩けるため効果的です。

最近では地域で活動するクラブなどもあるそうです。

最後に、ウォーキング（散歩）の場所と時間について述べておきましょう。散歩と言うと、早朝に近所の公園などで行うイメージがあるかと思いますが、必ずしも杓子《しゃくし》定規に考える必要はなく、自分に合ったやり方を見つけましょう。

例えば、料理のところで紹介した94歳の現役作家である外山滋比古氏の場合は、毎朝早朝に自宅のある茗荷谷《みょうがだに》駅から東京メトロ・丸《まる》ノ内《うち》線で大手町《おおてまち》乗り換え九段下《くだんした》へ行き、そこから皇居の周りを歩いていました。途中、ラジオ体操をして大手町から地下鉄で自宅へ戻って来るのを日課にしていたそうです。

早朝の皇居周辺は静かで緑も多く、とても快適だと言います。また、定期券を買っているので「散歩をさぼるともったいない」という気持ちがあって継続できるのも良かった、というのです。自宅近所の散歩だけでなく、いろいろな工夫の仕方があると参考になりました。

散歩のタイミングについては、「何と言っても空気が澄んでいる早朝」と言う人もいれば、朝食の後にゆっくり散歩する人や、午前中は集中力のある時間帯なので作業にあてて夕方以降に散歩をする人など、人それぞれの好みがあります。

とくに冬場は早朝だと暗くて気温も下がっているので、私は個人的には季節に応じて快適な時間帯を選びながら、自分に合った時間と場所を見つけ出して習慣にするのがよいのではないかと思っています。

ぜひ、あなたに最適なウォーキングのスタイルを見つけてください。但し、いずれのやり方でも習慣化することが大切です。

「心の健康」で大切なこと

「食事」と「運動」における健康法をこれまで述べてきましたので、次に「心の健康」について触れておきましょう。

「心の健康」について考える時に、私たちがつねに感じている「ストレス」をどう捉《とら》えて解釈するかが大きなポイントになります。

「ストレス」は、自律神経のバランス（緊張時に優位になる交感神経とリラックス時に優位になる副交感神経とのバランス）に密接に関わっていて、一般的に「ストレス」が長期間にわたって過剰にかかると、私たちの免疫力が低下して、がんをはじめ多くの病気の原因にもなる、と言われています。

そうすると、「ストレス」はすべて悪、と思いがちですが、実は一方で、適度なストレスは私たちに必要な存在で、パフォーマンスを上げたりすることにもなります。

つまり、「ストレス」は思ったより奥の深いもので、正しく理解し、うまくコントロールするすべを知っておくことが大切なのです。

あなたは「ストレス」と聞いて、どんなことを思い浮かべるでしょうか？　おそらく仕事や対人関係などに不満、不安や苦痛などを感じてイライラしたり、緊張したりする様子をイメージする人が多いのではないでしょうか？

こうした「精神的なストレス」は、その時に摂っている食事と栄養素や、その時の体調なども密接に関係しています。例えば、生活時間が不規則になってしまい、夜遅くまで仕事をして、休日は睡眠不足で朝起きることができずに、昼夜が逆転した生活になっている人は、どうしてもネガティブな発想になってしまうと言われています。

よく知られていることですが、「うつ病」は不眠がきっかけとなって、夜眠れないから朝が起きられず、昼夜逆転した生活になることから起こるケースが多いものです。

朝、できるだけ太陽の光に当たることでしっかりと目が覚めて、その時にセロトニンというホルモンがたくさん出て、思考が前向きになります。同時に、14時間後の就寝時間にちゃんと眠くなるメラトニンが分泌され、質のいい睡眠がとれる仕組みになっているのです。

ところが、この自然のサイクルが狂ってしまい、朝十分な光を浴びずにいてセロトニンが分泌されないとどうなるでしょうか？　思考がネガティブになり、目が覚めないまま時が過ぎて、本来の就寝時間になっても逆に目が冴《さ》えて夜眠れなくなる、という悪循環に陥ってしまいます。

いったん悪循環のサイクルに入ると、精神安定剤という睡眠導入剤を飲み、落ち込んだ気持ちを立て直すのに相当な時間とエネルギーを要してしまうそうです。私も複数の会社で人事責任者として、数多くの「うつ病」社員に接してきましたが、「朝できるだけ早く起きて太陽の光をたくさん浴び、セロトニンを思い切り出すこと」が最も重要、というのが結論です。

それが出来れば立ち直りますし、最終的にそれができないと、なかなか「うつ病」から脱却できません。無理やり、たたき起こして太陽光線を浴びさせることはできませんので、いかに自分の意志でそうした行動をとれるかがポイントになるでしょう。

このように、「ストレス」を感じた時に、どのように対処していけば、ネガティブ思考の悪循環に陥らないかを予《あらかじ》め知っておくことが大切です。

心の病になる人の特徴として、ものすごく視野が狭くなるということがあるため、私はよく「もう1人の自分」がいて、それが現在の自分を上から客観的に見ているようにイメージすることを勧めています。

心理学の専門用語で「メタ認知」と言いますが、自分自身を外から客観的に見てみる、という発想法が、心に余裕を持たせてくれて、冷静に対処法を考えられるようになります。視野が狭くなるとどうしても「この世の終わり」みたいな感覚になって、思考がネガティブな悪循環に入ってしまうものなのです。

もう1つ、「ストレス」への対処法として大切なことは、気分転換の方法を自分なりに持っておくことです。

第3章の「コミュニティー」のところで、サードプレイスの重要性を説明しましたが、自分で別の世界、仲間、繋がりを持っていることが、心の支えや発想を転換するきっかけになってくれます。

例えば、音楽やスポーツを趣味にして夢中になれる人であれば、好きなことに熱中している間は、仕事や人間関係のストレスは忘れていて、活動が終わった後になると「何で悩んでいたのか」と思うようにスッキリしていた、ということもあるようです。

頭を使うだけでなく、体を動かしたり、耳から刺激を入れたりして、気分転換をすることで発想が前向きになるのでしょう。

このように、ぜひ自分なりのストレスに対処する「気分転換法」を見つけておくといいでしょう。

健康の根源は「働き続けること」による習慣だった！

「食事」「運動」「心」の健康法について、これまで述べてきました。それぞれは、密接不可分に関連し合っています。

例えば、バランスよくミネラルやビタミンを摂取できない「食事」を続け、体にとって必要な栄養素が不足したままカロリーオーバーとなれば、肥満やさまざまな生活習慣病を引き起こし、「運動」も難しくなったり、思考もネガティブになったりします。

では、本書のいろいろな箇所で紹介してきた、「定年後」も健康を維持しながら元気に活躍されている6名（井浦氏以外の5名は仮名。年齢は本書発行時点）～井浦康之氏（90歳）、山崎幸弘氏（79歳）、石黒孝司氏（64歳）、桜井泰晴氏（63歳）、清水誠治氏（62歳）、杉本聡氏（57歳）および私、大杉潤（59歳）の典型的な1日の過ごし方（スケジュール）を紹介します。

皆さん、それぞれ工夫して健康法に取り組んでおられますが、健康を維持しながら活動できているのは、「働き続ける」ことがベースになっているからだと、取材をさせていただく中で改めて感じました。働くことによって毎日スケジュールを組んで様々なことが習慣化されていて生活のリズムが出来ているのです。

仕事を続けることによる緊張感とやりがい、仕事をベースにした人間関係やそのための準備、学び続けることなど、日々の活動と生活そのものが、「働くこと」を起点にして構成されているので、規則正しいスケジュールと生活リズムができているのです。

ぜひ、「定年後」の生活をイメージするときの参考にご活用ください。

定年後も働き続ける7名の「1日スケジュール」公開

（敬称略）

井浦康之（90歳）

・元電機メーカーほか勤務、42歳で独立起業してフリーの講演家、研修講師

・現在も現役で講演、研修を行う

05：50　起床
06：45　自宅を出て徒歩で事務所へ
07：00　事務所で「延命十句観音経《えんめいじっくかんのんぎょう》」を30回唱える、テレビ（NHK朝ドラ）
08：15　プロテイン（朝食）を飲んで、仕事開始（～12：00）
12：00　昼食（サラダなど事務所にて料理を作る）
13：00　新聞、ネットなどで情報収集（iPad、iPhone にて）
仕事（休憩として読書、音楽鑑賞）（～18：00）
18：00　明日の予定を書き出す、読書、音楽、情報収集
20：30　自宅へ戻り、夕食、休憩
24：00　就寝（睡眠5時間50分）

山崎幸弘（79歳）

・元食品メーカー勤務、60歳定年退職後、独立起業して研修講師
・現在はセミナー講師、健康関連ビジネス、地域活動（健康・長寿・認知症予防）

07：30　起床
08：00　朝食づくり・そうじ・洗濯・布団干し
10：00　ブランチ（朝食・昼食兼用）
11：00　健康長寿に関わる地域活動（～17：00）
17：00　買い物・ウォーキング・夕食づくり
18：00　夕食
19：00　新聞・テレビ・ＰＣ作業（翌日の準備）
22：00　入浴・洗濯
23：00　就寝（睡眠８時間半）

石黒孝司（64歳）

・元大手電機メーカー勤務、60歳定年退職、定年再雇用１年、61歳で退職して独立
・現在は専門学校講師、コンサルタント

05：30　起床
06：00　近所に散歩、ラジオ体操

07：00　朝食
08：00　テレビ（NHK朝ドラ）
09：00　専門学校にて講義（〜15：00）
12：00　昼食
16：00　翌日の準備（情報収集など）
18：00　テレビ、自由時間、勉強など
23：30　就寝（睡眠6時間）

桜井泰晴（63歳）
・元自動車メーカー勤務、60歳定年退職して転職
・現在は、中小企業向け技術コンサルタント（支援機関にて）

05：00　起床（このあと弁当づくり）
06：00　自宅出発・通勤
07：00　カフェにて読書、SNSなど
07：30　仕事（〜17：30）

12：00　昼食
19：00　帰宅、夕食
19：30　テレビ、読書、翌日の準備、入浴
23：30　就寝（睡眠５時間半）

清水誠治（62歳）

・元保険会社勤務、51歳で転職、54歳で独立起業
・現在は、中小保険会社向けコンサルタント

03：30　起床、ゴミ捨て、10分瞑想《めいそう》
04：00　朝食（果物のみ）、ＰＣ緊急メール有無をチェック
04：30　仕事（自宅にて立ち机を使用）
09：00　メール返信、体操（腹筋運動・背筋運動）
09：30　散歩
11：00　昼食（玄米＋納豆で自ら用意）
12：00　自由時間（ビデオ、勉強など）

16：00　夕食
17：00　自由時間（読書、勉強など）
20：00　就寝（睡眠7時間半）

杉本 聡（57歳）

・元機械部品メーカー勤務、56歳で早期退職応募、57歳で独立起業
・現在は、フリーでインドネシア民族楽器の普及・販売活動

06：30　起床
07：00　朝食
08：00　ＰＣ作業（ＷＥＢサイト更新、メール、ＳＮＳなど）
10：00　施設訪問（老人介護施設、保育園等）など外出（～14：00）
14：00　読書
15：00　自宅にて作業（施設のフォロー、ＰＣ作業）
18：00　夕食
19：00　自由時間（休憩）

20：00　運動（マシントレーニング、ストレッチ）、入浴
21：00　自由時間（読書ほか）
24：00　就寝（睡眠6時間半）

大杉　潤（59歳）

・元大手銀行勤務、44歳で転職（計3回）、57歳で独立起業
・現在は、研修講師、コンサルタント、執筆業

06：00　起床、ストレッチ体操
06：15　ブログ更新、SNS発信（ツイッター、フェイスブック）
07：00　朝食
07：30　コーヒー読書タイム、ブログ執筆、インスタグラム
08：30　移動、ウォーキング
10：00　企業訪問、カフェなどで打ち合わせ（～18：00）
12：00　昼食、コーヒー読書タイム
18：00　夕食（イベント無い日は自宅へ移動した後に19：00夕食）

19：00　イベント、セミナー（主催または参加）、無い日は帰宅して夕食
22：00　帰宅、入浴
22：30　自由時間（読書ほか）
24：00　就寝（睡眠6時間）

知的生活習慣～働き続けること、学び続けること

以上、私を含めて7名、定年後（転職、早期退職を含む）も働き続けながら活動している方々の典型的な「1日のスケジュール」を公開いたしました。

7名はそれぞれ、まったく違う業界で会社員として仕事をしてきた後に、定年退職（うち4名は定年前に転職、早期退職）して、現在も働き続けています。

共通するところは、「人生100年時代」を見据えて、長く働き続けることを目指しながら、仕事に関する学び、情報収集を意欲的に行っていることです。

井浦氏（90歳）は、現在も現役で企業向けに研修講師や講演を行っています。その他、人と会って話をするのが生きがいということで、事務所で相談を受けるなど、これまでの豊富なビジネス経験を活《い》かした仕事をしています。趣味として、神社などパワースポット

めぐりもされているそうです。

山崎氏（79歳）は、「健康・長寿・認知症予防」をテーマとして、行政機関が発信している情報に積極的にアクセスして独自に発信、普及させています。また、米国のジョエル・ファーマン博士が『１００歳まで病気にならないスーパー免疫力』にて提唱しているファイトケミカルなど栄養学や食事メニューに関する情報をＳＮＳにて発信する活動に情熱を燃やしています。

石黒氏（64歳）は、専門学校で講義する準備として、ＩＴ関連の最新テクノロジー情報を学んで講義にフィードバックしています。とくにＩｏＴのほか、フィンテック分野としてブロックチェーン技術を使った仮想通貨まで詳しく研究しているそうです。

桜井氏（63歳）も、中小企業向けに技術コンサルティングを行う際に必要な最新テクノロジーの勉強に注力しています。とくにＡＩの進化については、その激変ぶりに衝撃を受けているそうです。今から考えると会社員時代は視野狭窄《きょうさく》に陥っていて、会社を離れてから色眼鏡なしで世の中の変化をとらえられるようになった、ということです。

また清水氏（62歳）は、以前の会社で同期入社だった60歳代前半の友人が病気で亡くなったり、体調を崩したりする中で、健康と食生活に強い関心を抱き、分子整合医学の理論に基づいた栄養学を猛勉強中で、資格取得まで目指しているそうです。

杉本氏（57歳）は、もともと機械部品の専門家でしたが、駐在したインドネシアに魅了され、たまたま民族楽器のアンクルンを扱うビジネスを始めたことから、改めて音楽の基礎を学び始めています。その他、施設での指導に活かせる「音楽レクリエーション指導士」の資格も取得しました。

最後に、私の場合は、ずっと続けてきている「ビジネス書」の多読による大量のインプットと、ブログに「書評」という形で、毎日1冊のアウトプットを続けています。テーマとしては、人生100年時代の「新しい働き方」をメインにしながら、経営・ファイナンス、世界経済・長期予測、プレゼン技術・整理法、キャリア開発・起業、健康・スピリチュアル、ハワイ、コーヒーなど、好きなこと、興味関心の深いことを中心に幅広く学んでいます。仕事として行っている研修講師やコンサルティングに活かしています。

「人生100年時代」の定年後は、「働き続けること」と「学び続けること」が、充実した後半人生にするためのポイントになるのではないでしょうか。

京都大学の梅棹忠夫《うめさおただお》教授が『知的生産の技術』（岩波新書）を著わしたのが1969年

7月で、学校では知識は教えてくれるが、知識の獲得のしかたは教えてくれない、として、創造的な知的生産を行うための技術を提唱しました。

続いて、1976年4月に作家の渡部昇一氏が、『知的生活の方法』（講談社現代新書）を刊行して、本を読むことと書くことの重要性を説き、累計118万部のベストセラーになるほど世の中の支持を受けました。

さらに、94歳で現役作家の外山滋比古・お茶の水女子大学名誉教授は、2015年1月に『知的生活習慣』（ちくま新書）を書き、ベストセラーとなった『思考の整理学』（ちくま文庫）の日常生活実践編として、公開しました。

この『知的生活習慣』という本の中で外山氏は、「知識、情報のあふれる現代では、健康的生活習慣だけでは不充分である。」と指摘した上で、「よい知的生活習慣を身につければ精神的活力の源となって、人生を豊かにすることができる。」と説いています。

私も外山氏が提唱する「知的生活習慣」の人生的意義という考え方にまったく同感です。そして、この「知的生活習慣」を作っていくのに最も有効なのが、「定年後」が35年〜40年にわたる「人生100年時代」においては、できるだけ「長く働き続ける」ことだと考えています。

外山氏は同書の中で、「習慣は第二の天性である」（Habit is Second Nature.）というイギリスのことわざを紹介し、習慣の重要性を強調しています。

「人生１００年時代」の現代では、定年後に「知的生活習慣」を確立して充実した人生とするために、40～50歳代からの準備と「習慣」が大切になる、というのが本書の結論です。

最後に、私が研修やセミナーの締め括《くく》りとして、よく受講者の皆さんに送るメッセージで、井浦康之氏の『心豊かに生きるヒント』（ごま書房）にも出てくる言葉を紹介します。

これは、アメリカの心理学者・ウィリアム・ジェームズ氏の言葉と言われていますが、ヒンドゥー教にも同じ教えがあり、マザーテレサも同様の趣旨の言葉を残しています。

心が変われば、行動が変わる
行動が変われば、習慣が変わる
習慣が変われば、人格が変わる
人格が変われば、運命が変わる

皆さんが、「働き続けること」と「学び続けること」によって、「知的生活習慣」を確立し、充実した「定年後人生」を送ることを、心からお祈り申し上げます。

おわりに　～不安なき「生涯現役」という生き方～

最後までお読みいただき、ありがとうございました。

人生が長くなっても定年後の不安が大きく、「幸せ」を感じられないという40代、50代の会社員や主婦の方々が増えています。また、社会人になったばかりの若手ビジネスパーソンも元気のない先輩社員を見ていて、将来に希望を感じられなくなっています。

こうした閉塞《へいそく》感に覆われた日本の企業社会において、「人生100年時代」の到来をどんな心構えで迎え、将来に備えて何をしていけばいいのか、という問いに答えるために、この本を書きました。

「カネ」「孤独」「健康」という定年後の3大不安は、働き続けるという選択をした瞬間にすべて解決する、というのが本書の立場です。「働き続けること」は「学び続けること」

であり、そうした「知的生活習慣」を確立することが、心身の健康を維持し、孤独からも無縁となり、カネの不安も解消することになる、という処方箋《しょほうせん》を提示してきました。

２０１８年１月に、『百寿者の健康の秘密がわかった 人生１００年の習慣』（ＮＨＫスペシャル取材班・講談社）という本が刊行されました。ＮＨＫスペシャル「あなたもなれる〝健康長寿〟徹底解明１００歳の世界」という、大きな反響のあったテレビ番組を書籍化したものです。この中で取り上げられている各国の百寿者（センテナリアン）の多くは、ずっと仕事を続け、楽しみを持って健康的な生活習慣を維持している方々です。

あるいは、起業して働き続けるのはそんなに簡単なことではない、という批判があるかも知れません。健康だって、いつまでも元気で居続けられるか不透明ではないか、という声もあるでしょう。

でも私はまず、「心構え」がすべての原点になると思うのです。本文の最後に紹介したウィリアム・ジェームズ氏の言葉にあるように、「心構え」が「行動」を作り、「行動」が「習慣」を作るのです。

「生涯現役」で働き続けるという「心構え」を持って日々、生きることによって、自分の未来が拓《ひら》かれ、そのプロセスに人は「幸せ」を実感するのではないでしょうか。

情報社会の現代、とくに「革命」と呼んでもいいほど大きな技術革新の真っ只中《ただなか》にある21世紀においては、正確なテクノロジー進化の情報を学び、社会の変化を予測することが重要です。学び続けることでしか「不安」を解消することはできないでしょう。

そして、そのための最も確かなライフスタイルが、不安なき「生涯現役」という生き方だと私は確信しています。「働き続けること」と「学び続けること」、これがいかなる社会の変化にも対応できる「不安」のない生き方になるでしょう。

なお、本文中にてご紹介しました、40代・50代会社員に向けた「キャリア研修プログラム」に関心のある方は、私がアライアンスパートナーとして研修講師を務める左記の連絡先へお問い合わせください。

株式会社HRインスティテュート
東京都渋谷区神宮前1－13－23 HRIビジョンハウス
電話：03－3423－3201

最後になりましたが、本書の執筆にあたっては、株式会社ＫＡＤＯＫＡＷＡの菊地悟さま、アップルシード・エージェンシーの宮原陽介さまをはじめ、たくさんの方々のお世話になりました。

また、本書にて取り上げ紹介させていただいた事例のため、井浦康之さまをはじめ６名の方々には貴重なお話を伺い、心から御礼申し上げます。

この場を借りて、お世話になったすべての皆さまに感謝いたします。

ありがとうございました。

２０１８年３月　大杉　潤

【参考文献】

はじめに

『LIFE SHIFT』（リンダ・グラットンほか・東洋経済新報社）

『男おひとりさま道』（上野千鶴子・法研）

『定年後の８万時間に挑む』（加藤仁・文春新書）

第１章

『老後不安がなくなる 定年男子の流儀』（大江英樹・ビジネス社）

『１００歳まで病気にならないスーパー免疫力』（Dr.ジョエル・ファーマン・日本文芸社）

『一冊の手帳で夢は必ずかなう』（熊谷正寿・かんき出版）

『「未来ノート」で道は開ける！』（渡邉幸義・マガジンハウス）

『［新版］ 幸せな宝地図であなたの夢がかなう』（望月俊孝・ダイヤモンド社）

『実践 ポジティブ心理学 幸せのサイエンス』（前野隆司・ＰＨＰ新書）

『幸せのメカニズム 実践・幸福学入門』（前野隆司・講談社現代新書）

【参考文献】

『入社3年目までの仕事の悩みに、ビジネス書10000冊から答えを見つけました』（大杉潤・キノブックス）
『40代でシフトする働き方の極意』（佐藤優・青春新書インテリジェンス）

第2章
『遊ぶ奴ほどよくデキる！』（大前研一・小学館文庫）
『その幸運は偶然ではないんです！』（J.D.クランボルツほか・ダイヤモンド社）
『社員ゼロ！会社は「1人」で経営しなさい』（山本憲明・明日香出版社）
『サピエンス全史（上）文明の構造と人類の幸福』（ユヴァル・ノア・ハラリ・河出書房新社）
『サピエンス全史（下）文明の構造と人類の幸福』（ユヴァル・ノア・ハラリ・河出書房新社）

第3章
『サードプレイス〜コミュニティの核になる「とびきり居心地よい場所」』（レイ・オルデンバーグ・みすず書房）
『人間関係に必要な知恵はすべて類人猿に学んだ　類人猿分類公式マニュアル2・0』

（名越康文ほか・夜間飛行）
『熱いビジネスチームをつくる4つのタイプ　コーチングから生まれた』（鈴木義幸・ディスカヴァー・トゥエンティワン）
『細胞から元気になる食事』（山田豊文・新潮文庫）

第4章
『60代から簡単に頭を鍛える法』（高島徹治・知的生きかた文庫）
『百歳人生を生きるヒント』（五木寛之・日経プレミアシリーズ）
『人生は70歳からが一番面白い』（弘兼憲史・SB新書）
『60歳を過ぎると、人生はどんどんおもしろくなります。』（若宮正子・新潮社）
『九十歳。何がめでたい』（佐藤愛子・小学館）
『100歳の精神科医が見つけた　こころの匙加減』（髙橋幸枝・飛鳥新社）
『「ポスト真実」時代のネットニュースの読み方』（松林薫・晶文社）
『僕らが毎日やっている最強の読み方　新聞・雑誌・ネット・書籍から「知識と教養」を身につける70の極意』（池上彰＆佐藤優・東洋経済新報社）

【参考文献】

『10秒でズバッと伝わる話し方』(桐生稔・扶桑社)
『一生使える脳 専門医が教える40代からの新健康常識』(長谷川嘉哉・PHP新書)

第5章
『東大が考える100歳までの人生設計 ヘルシーエイジング』(東京大学高齢社会総合研究機構・幻冬舎)
『50代から始める知的生活術~「人生二毛作の生き方」~』(外山滋比古・だいわ文庫)
『肺炎がいやなら、のどを鍛えなさい』(西山耕一郎・飛鳥新社)
『どんなに体がかたい人でもベターッと開脚できるようになるすごい方法』(Eiko・サンマーク出版)
『知的生産の技術』(梅棹忠夫・岩波新書)
『知的生活の方法』(渡部昇一・講談社現代新書)
『知的生活習慣』(外山滋比古・ちくま新書)
『心豊かに生きるヒント』(井浦康之・ごま書房)

おわりに
『百寿者の健康の秘密がわかった 人生100年の習慣』（NHKスペシャル取材班・講談社）

【その他の参考文献】
『定年後 50歳からの生き方、終わり方』（楠木新・中公新書）
『未来の年表 人口減少日本でこれから起きること』（河合雅司・講談社現代新書）
『人生百年 私の工夫』（日野原重明・幻冬舎）
『50歳からの生き方』（佐々木常夫・海竜社）
『女50歳からの100歳人生の生き方』（小島貴子・さくら舎）
『定年男子定年女子 45歳から始める「金持ち老後」入門！』（大江英樹・井戸美枝・日経BP社）
『定年バカ』（勢古浩爾・SB新書）
『「人生100年時代」のライフデザイン』（第一生命経済研究所・東洋経済新報社）
『不安な個人、立ちすくむ国家』（経産省若手プロジェクト・文藝春秋）
『100歳まで働く時代がやってきた』（田中真澄・ぱるす出版）
『一〇〇歳時代の人生マネジメント――長生きのリスクに備える』（石田淳・祥伝社新書）

【参考文献】

『働けるうちは働きたい人のためのキャリアの教科書』（木村勝・朝日新聞出版）
『九十歳まで働く！　こうすれば実現できる！』（郡山史郎・ワック）
『定年を楽園にする仕事とお金の話　45歳からそなえる「幸せ老後」のキホン』（高伊茂・ぱる出版）

大杉　潤（おおすぎ・じゅん）
1958年東京生まれ。早稲田大学政治経済学部卒。日本興業銀行（現みずほ銀行）に22年間勤務した後、新銀行東京の創業メンバーに。人材関連会社およびメーカーの人事責任者を経て2015年より、コンサルタント、研修講師として活動。株式会社HRインスティテュート・アライアンスパートナー。著書に『入社3年目までの仕事の悩みに、ビジネス書10000冊から答えを見つけました』（キノブックス）がある。
WEBサイト：http://jun-ohsugi.com

定《てい》年《ねん》後《ご》不《ふ》安《あん》

人生《じんせい》100年《ねん》時代《じだい》の生《い》き方《かた》

大杉《おおすぎ》　潤《じゅん》

2018年 4月10日　初版発行

発行者　郡司 聡
発　行　株式会社KADOKAWA
〒102-8177　東京都千代田区富士見2-13-3
電話　0570-002-301（ナビダイヤル）

装 丁 者　緒方修一（ラーフイン・ワークショップ）
ロゴデザイン　good design company
オビデザイン　Zapp!　白金正之
編集協力　アップルシード・エージェンシー
印 刷 所　暁印刷
製 本 所　BBC

角川新書

ISBN978-4-04-082222-8 C0295